CEAC
EDITORA

Fragmentos da *Minha* Mediunidade

Mônica Dabus

1ª Edição – abril de 2022 - 1.500 exemplares

Editora CEAC
Rua 7 de Setembro, 8-30
Fone (14) 3227 0618
CEP 17015-031 – Bauru SP
www.editoraceac.com.br
www.radioceac.com.br
www.tvceac.com.br
www.ceac.org.br

Dados Internacionais de Catalogação na Publicação– CIP
(Elaborada por Danielle da Silva Pinheiro - Bibliotecária CRB8-7316)

D116f Dabus, Mônica.

Fragmentos da minha mediunidade / Mônica Dabus. -- Bauru, SP: CEAC, 2022.

224p.; 16 x 23 cm
ISBN: 978-65-990612-9-5

1. Espiritismo 2. Mediunidade 3. Romance espirita I. Titulo

CDE 30.03.00
CDD 133.93

Índice para catálogo sistemático:
1. Espiritismo
2. Romance Espirita

Coordenação Editorial / Capa / Diagramação
Renato Leandro de Oliveira

Revisão de Lingua Portuguesa
Tânia Lins

Imagem da capa
Shutterstock - Veronika Zelenina

Aos amigos escritores Richard Simonetti (*in memoriam*)
e Carlos Eduardo Noronha Luz, dois pilares da minha
construção literária, que sustentaram as minhas tentativas de
registrar no papel as impressões ainda imperfeitas
da minha caminhada evolutiva.

“Para conhecer as coisas do mundo visível e descobrir os segredos da natureza material, outorgou Deus ao homem a vista corpórea, os sentidos e instrumentos especiais. Com o telescópio, ele mergulha o olhar nas profundezas do espaço, e, com o microscópio, descobriu o mundo dos infinitamente pequenos. Para penetrar no mundo invisível, deu-lhe a mediunidade.” (*O Evangelho segundo o Espiritismo,* Allan Kardec – capítulo XXVIII, item 9)

Prefácio

Fui honrado pela escritora de *Fragmentos da minha mediunidade* com o convite de prefaciar o livro. Depois de havê-lo lido com muita atenção e muito carinho, veio-me à mente a lembrança de que Pascal, o filósofo, em seu livro *Pensamentos*, conceituou ELOQUÊNCIA como a arte de dizer as coisas de duas maneiras: primeira, que aqueles a quem falamos possam entendê-las sem dificuldade e com prazer; segunda, que se sintam interessados a ponto de serem impelidos mais facilmente, pelo amor próprio, a refletir sobre elas. Concluí que Mônica Dabus foi, efetivamente, eloquente ao nos trazer suas linhas.

O tema-base do livro é a MEDIUNIDADE, assunto que a Doutrina Espírita tem como um dos seus fundamentos, por ser o talento de alguém por meio do qual pode se dar a interlocução entre os comumente chamados "mortos" e os vivos. Mas, além de discorrer com muita propriedade sobre o assunto, Mônica traz-nos à luz as demandas por si desenvolvidas ao longo de muitos anos, desde a sua infância até a idade adulta, para que pudesse, depois, se sentir à vontade, como um experiente instrumento muito bem desenvolvido para executar o permeio dessa interlocução entre os dois planos da vida, o dos "mortos" e o dos vivos.

O tema, por si só, é atrativo. Mas a escritora nos desnuda sua trajetória mediúnica desde os primeiros espantos com a vidência dos "mortos", lá antes da adolescência, até a atualidade em que, estimulada por seus benfeitores espirituais, escreve livros sobre épocas distantes no tempo, e, agora, nos premia com essa primorosa edição dos fragmentos da sua mediunidade. Não é um livro só de literatura espírita, mas, o que é mais importante, é um verdadeiro roteiro de ensinamentos para tantos que nos tempos atuais se veem à volta com este dom que se dissemina cada vez mais: o da mediunidade. É uma história de vida que traz no contexto muita orientação doutrinária-espírita.

O profeta Joel, muito antes do Cristo, nos trazer suas dulcíssimas luzes, asseverou: "E nos últimos tempos acontecerá, diz o Senhor, que do meu espírito derramarei sobre toda a carne; e os vossos filhos e as vossas filhas profetizarão, os vossos jovens terão visões e os vossos velhos terão sonhos." Os tempos modernos estão sendo a arena desses acontecimentos pré-anunciados. Este livro nos fala dessas "coisas". É de leitura amena e agradável, de elevado conteúdo doutrinário-espírita, repito, e, por isso mesmo, indicado para leitura geral e muito especialmente para os que se iniciam nessa nobre atividade de intermediação entre o céu e a terra.

Outono de 2021, Bauru / SP

Mauro Sebastião Pompílio

Sumário

1

Instrução

Sonhos se repetiam, cenas fragmentadas emergiam.

Imagens afloravam como se fossem um filme.

O baú secreto da memória dada a seus segredos, que se conserva além do tempo, parecia se abrir.

Imagens espontâneas surgiam, reiteradas e claras.

Fragmentos brotavam, ecos com possibilidades de recordações da razão, do discernimento, pensamento e da vontade, como se forças imortais se desdobrassem e se embaralhassem no infinito.

Durante muito tempo, estive inclinada a analisar as visões passageiras como uma ilusão da minha fantasia.

Nesses "sonhos", apareciam personagens em movimentos, detalhes singulares dos cômodos da casa, cenas e lugares. Desde muito cedo, em minha vida, eu via uma cidade, uma residência, a distribuição dos ambientes como se lá eu morasse; uma carruagem, um hospital, um piano, uma senzala, um salão de baile...

De outras vezes, as imagens brotavam isoladas, causando dificuldades para dar-lhes sentido.

Cenas indelevelmente gravadas em algum lugar eclodiam como se frações de tempos vividos permanecessem vivas na memória, reproduzindo fatos repletos de detalhes, sensações e sentimentos vivenciados. E estas percepções, descobertas e elucidações transcendentais desencadeavam-se à minha revelia.

Com o tempo, passaram a se repetir.

Eu seguia em silêncio.

Era preciso juntar as imagens soltas, saber de onde vinham e com quais objetivos surgiam. Os Benfeitores Espirituais, dirigidos pelo Espírito Liz, abeiraram-se, aparelharam o quebra-cabeça das memórias, dos *déjà-vus* e das emoções, transmitindo uma carga vibratória de amor e sinceridade, com um desfecho, por mim, jamais esperado. Abeiraram-se também de outros três médiuns. Estes, ao serem acionados pela Espiritualidade, confirmavam acontecimentos fragmentados os quais as minhas visões e experiências me revelavam.

Com um desvelado cuidado pela Espiritualidade protetora e a compreensão de que a faculdade mediúnica é complexa, profunda, gradual, com possibilidades singulares, as histórias foram organizadas por Liz por meio da psicografia, retrocedendo, como em uma "viagem no tempo", estabelecendo-as de forma sistemática, dividindo-as em contextos diversos, narrando cada história com o seu começo, meio e fim, com aspectos característicos da época, cultura, geografia, das crenças, dos costumes e das lições distintas.

Não obstante cada história surgisse de forma ordenada em si mesma, os seis livros vieram à luz de forma desordenada, porém, uma história não atravessando a outra. O primeiro deles foi *Grécia – um romance no tempo dos deuses*, publicado pela editora CEAC, cuja história se passa por volta do século V a.C.

O trabalho de equipe dos Benfeitores Espirituais e dos amigos/orientadores encarnados foi imprescindível. Não basta psicografar, é necessário haver revisão, análise doutrinária, acompanhamento da equipe editorial até a finalização da obra. Analisadas em ordem cronológica, as seis obras chamam a atenção para o fato de que, admitida a existência do Espírito, observa-se um mecanismo evolutivo das civilizações e dos próprios personagens em atividade ascensional através das vidas sucessivas, demonstrando as diferenças de inteligências, tendências, comportamentos e até as fisiológicas. Sob o ponto de vista da reencarnação, a Justiça Divina contrai novo aspecto, tendo em vista o acúmulo de experiências biológicas evolutivas ao longo das vidas consecutivas experimentadas pelo Espírito; e está profundamente ligada ao Amor, pois toda a dedicação e as dificuldades só valem se há o contínuo da vida.

Após o lançamento das seis obras psicografadas, em outubro de 2019, uma voz espiritual proferiu: "– Organize suas experiências em torno da mediunidade, nós a inspiraremos; um material sintetizando o que o Ser deve conhecer para se orientar no caminho, demonstrando que a vida é uma luta, uma conquista para o aperfeiçoamento, acima das quais conceba a eterna Justiça, suavizada pelo Amor".

Como o gênero do trabalho experimentado por mim até então fora outro, eu aguardei a orientação por outra fonte, o que veio a acontecer, após alguns dias, por outra médium já utilizada anteriormente pela Espiritualidade para me instruir sobre os trabalhos.

Em fevereiro de 2020, quatro meses à frente, houve novo convite.

Acolhi, então, com segurança, a sugestão da Liz; tal abertura surgia agora ao encontro dos meus anseios. Decidi organizar os registros de um trabalho sério e esforço persistente, motivada pelo aprendizado ao compartilhar os ensinamentos que os Benfeitores Espirituais e essa doutrina de luz e reconforto me proporcionaram, e me proporcionam, ininterruptamente.

Baseada em registros e experiências da mediunidade em particular, eu me dispus a testemunhar e demonstrar por meio deste conteúdo nuances de como funciona o corpo, a sua relação com o mundo, com os seres encarnados e os Espíritos desencarnados sob a prática e os fundamentos do Espiritismo, pois essa comunicação é natural, porque também somos Espíritos, embora estejamos encarnados.

Não se trata de conteúdo pessoal, pois as observações foram selecionadas pelo grupo de amigos espirituais, sob a direção da Liz, ao nos assistir durante a tarefa, levando-nos a compilar recordações e registros de noticiários do Espaço e indicando os fundamentos de nossa doutrina.

Que este conteúdo revelado com o máximo de respeito à Doutrina Espírita, embasado em ocorrências corriqueiras e fiéis de uma mediunidade em desenvolvimento, possa auxiliar e direcionar o leitor não somente em seus estudos e ensinamentos da Doutrina Espírita, mas também em suas lutas redentoras e em seu despertar.

É assim que inicio esta história.

Um mergulho no tempo com vivências e aprendizados em que o consciente e o inconsciente se encontram com diversas indagações. Afinal, o que estamos fazendo neste mundo? Para que estamos aqui? Quais os desafios para quem nasceu com o compromisso da mediunidade? Como respeitá-la e cultivá-la com dedicação e obter a assistência dos Benfeitores Espirituais? Como manter-se fiel às suas orientações e aos ensinamentos da Doutrina Espírita? O que diz a ciência?

A reencarnação e a mediunidade nos trazem respostas coroadas pelo amor, unindo perpetuamente os seres afins, sobrevindo a morte, continuando juntos, evoluindo em reiteradas experiências existenciais, em famílias espirituais.

Reencarnar constitui nascer de novo, retornar à vida carnal em um novo nascimento, após a morte do corpo físico.

Mediunidade é uma faculdade humana, natural, pela qual se estabelecem as relações entre os homens e os Espíritos. Desenvolve-se espontaneamente nos indivíduos de maior sensibilidade para a captação mental e sensorial de acontecimentos da dimensão espiritual, a qual nos cerca e nos envolve com suas vibrações psíquicas e efetivas, estabelecendo-se o intercâmbio, a comunicação entre a dimensão física e a espiritual.

As páginas que se seguem, organizadas pelos Benfeitores Espirituais e extraídas de experiências e narrativas pessoais alcançadas por meio de observações, estudos e vivências, me dão a tranquilidade íntima para afirmar: graças às informações trazidas pelos Espíritos, a vida futura ilumina-se, tornando-se realidade, pois existe vida após a morte. É uma verdade do mundo espiritual a qual todos podemos conhecer, que nos aguarda a partir dos relatos daqueles que nos precederam no retorno à pátria espiritual.

Ao abrir minha tela mental, trago à tona lembranças que

proporcionam a comprovação da imortalidade da alma, estreitando os laços entre as dimensões dos encarnados e dos desencarnados, instruindo e consolando, amparando e curando.

Descreverei o que vi, vivi e aprendi: fragmentos da minha mediunidade.

Desde a infância, eu me comunicava com Espíritos desencarnados, via-os e falava com eles, ou seja, eu sou médium, sem que necessariamente fosse espírita.

Médium é uma palavra de origem latina, neutra; quer dizer medianeiro, que está no meio.

Na fase infantil, a mediunidade já pode se apresentar, mas, muitas vezes, é considerada imaginação ou fantasia. Quando conduzidas a um centro espírita, as crianças são recebidas com preces e passes para abrandar as inquietações naturais.

Posteriormente, na adolescência, inicia-se outro ciclo, as manifestações se tornam mais positivas. O ideal é orientar com cautela, estimulá-las ao conhecimento espírita, sem tentar o seu desenvolvimento em reuniões mediúnicas.

A prece, o passe, as reuniões de estudo doutrinário são meios de auxiliar o processo sem intensificá-lo, para não correr o risco de o adolescente rejeitar a faculdade. Alguns chegam com a condição de integrar-se facilmente, todavia, o processo requer prudência e disciplina. É preciso respeitá-los, auxiliá-los com afeto e compreensão, até que a sua mediunidade se defina, impondo-se por si mesma.

Um novo ciclo ocorre na transição da adolescência para a juventude, onde já cabe aprofundar-se nos estudos do Espiritismo e da Mediunidade, e, posteriormente, na prática mediúnica.

Há ainda a possibilidade de a mediunidade aparecer na maturidade ou próxima a ela.

Assim posto, nesses muitos anos de contato com a Liz, período fortemente marcado por aprendizados sucessivos, pela sua orientação superior, pelo amparo educativo, por seu zelo e amor, dos quais eu ainda muito necessito, concluo que ninguém poderá viver em nosso lugar e desenvolver potenciais que são nossos, e esta faculdade, a qual eu julguei prematuramente ser a minha maior fragilidade e pior fraqueza, transformou-se em minha maior força.

Com simplicidade, convido o leitor a mergulhar nestas páginas repletas de favores espirituais do Além. Este conteúdo não é e está longe de ser considerado um tratado de mediunidade. São confidências e dificuldades mediúnicas de alguém que vivenciou e vivencia a mediunidade, buscando orientar-se pela doutrina codificada por Allan Kardec, a qual abrange o conhecimento humano, proclama a existência de Deus, apresenta a sobrevivência do Espírito, indica quanto às consequências das ações humanas na dimensão espiritual, realça a necessidade da reforma íntima, exalta o esforço do Bem, valores que nos aproximam da Providência e do Amor Divino.

2

Orientação após as obras psicografadas

A natureza destes registros pede, inevitavelmente, um esclarecimento de como tudo começou.

Algumas faculdades se apresentaram em minha vida desde a infância: o desdobramento do corpo astral — fenômeno de exteriorização do perispírito, chamado também de corpo espiritual; a vidência — fenômeno de visão, permitindo enxergar Espíritos, cenas, objetos que não se encontram na vida material; e a audiência — fenômeno em que se ouvem sons que ocorrem fora do alcance dos ouvidos físicos.

Na meninice, ainda, imagens em adequadas contemplações exibiam-se para mim naturalmente, como se fossem sonhos; e, somente bem mais tarde, eu pude compreender tratar-se de ocorrências de vidas passadas. Forças estranhas, como se ascendessem, desconhecidas potências surgiam à minha mente, aos meus olhos espirituais. As manifestações mediúnicas fluíam na assistência recebida dos Espíritos e nas percepções assimiladas. Havia também transcrições antigas, impulsionadas por Espíritos, sem que eu tivesse a verdadeira noção do fenômeno.

É de proveito a busca de *O Livro dos Médiuns*, no capítulo XIV, item 159: "Toda pessoa que sente, em um grau qualquer, a influência dos Espíritos, por isso mesmo, é médium [...]".

Será importante buscar ainda em *O Livro dos Médiuns*, XIV – *Dos Médiuns*, na segunda parte, item 161: "Os médiuns involuntários ou naturais são aqueles cuja influência se exerce com o seu desconhecimento. Não têm nenhuma consciência de seu poder e, frequentemente, o que se passa de anormal ao seu redor não lhes parece em nada extraordinário; isso faz parte deles mesmos, absolutamente como as pessoas dotadas da segunda vista e que dela não suspeitam [...] ".

A presença dos Espíritos desencarnados não me surpreendia.

Um, dentre outros, era particularmente afeiçoado a mim. Era uma *moça*, olhar dócil, pele bem clara, cabelos fartos, pretos e longos.

Recordo-me da primeira vez em que a vi.

Desde esse dia, algo mudou em minha vida.

Um alegre raio de sol penetrara a obscuridade de minha alma, acordando-me; uma voz conhecida sussurrara ao meu coração, sem que logo de início eu me desse conta. Posteriormente, no Espiritismo, ao deparar-me com um roteiro de reajustamento abrangendo os aspectos morais, espirituais e intelectuais, eu soube que ela era a Liz, mentora espiritual, a proteger-me, auxiliar-me, impulsionar-me nos árduos e longos degraus do aperfeiçoamento espiritual, tornando-se, em seguida, orientadora dos trabalhos por mim realizados como espírita e médium.

Eu a reconhecia de longas datas, e, posteriormente, me foi confirmado que poderosos laços espirituais me ligavam a ela, por inúmeras existências sucessivas, e não foi por acaso a minha chegada ao CEAC[1].

Uma grande família espiritual reencontrava-se na casa espírita, no intuito de divulgar a Doutrina Espírita e vivenciar o Evangelho de Jesus; uns mais à frente, outros, como eu, ainda com sede de ajustes e auxílio daqueles que já trilharam os caminhos com mais lucidez.

Dessa forma, eu fui muito bem acolhida na instituição, com uma convivência fraterna na qual tudo se tornou mais fácil.

O médium é um ser passível de falhas, possui defeitos, é portador das mesmas responsabilidades e fraquezas como qualquer

1 Centro Espírita Amor e Caridade, situado na cidade de Bauru, interior do Estado de São Paulo.

pessoa. Todavia, é necessário reconhecer que, se deseja ampliar os recursos que lhe foram concebidos, envolvendo a abençoada responsabilidade perante Deus e a própria consciência, deve investir em sua renovação íntima, enriquecer a mente de aquisições morais e culturais, a fim de converter-se em intérprete do pensamento de Benfeitores Espirituais.

Mediante essa compreensão, a Doutrina Espírita, sem dúvida, promoveu em minha vida um bem-estar físico e psíquico; confesso, porém, estranhei quando, após o lançamento das seis obras (romances históricos), deu-se nova orientação pela Liz:

"— Organize seus registros. Se aceitar este convite, narrará o que sucedeu com relação à sua mediunidade desde a sua infância. Será assistida por mim e por outros Espíritos os quais a acompanham há muito. Serão selecionadas as recordações pessoais que convêm, aproveitando-se da sua história pessoal, referentes às experimentações com a mediunidade, especialmente o desenrolar dos fenômenos, para fazer as introduções doutrinárias e as observações que nos parecerem oportunas. Sublime a faculdade a qual lhe foi concedida por Deus, aprimore os sentimentos, os hábitos, os olhos e o coração, servindo, estudando, aprendendo sempre." (fevereiro de 2020)

Em adequado momento, reuni meus registros conservados manualmente em cadernos. Decidi iniciar, então, a compilação dos antigos apontamentos após uma inesquecível experiência, a qual narrarei mais à frente.

E, assim, estreamos.

Eu cresci com o hábito de escrever os fenômenos à minha volta, como se fossem um desabafo, ou melhor, confissões que não poderiam chegar ao confessionário, ou, ainda, a história franca de minha alma à mercê de potências desconhecidas, inicialmente.

Estranhou-me a orientação, pois, por se tratar de confidências da alma, eu compreendia os manuscritos como um patrimônio íntimo, intransferível.

Hoje, após eu ter vencido etapas na vivência de testemunhos verificados, sinto que não as teria vencido, nem as teria superado, se não fossem a ação e força pertinazes da Espiritualidade protetora e da Doutrina Espírita.

Depois de muito refletir, e após esse tempo de exercício de uma mediunidade positiva desdobrando-se em vários setores da prática espírita e na publicação dos livros psicografados, confiados por ela, e ainda após a experiência mencionada acima, a qual narrarei depois, cheguei à conclusão de seguir a instrução e aceitar o convite de organizar o material, e, posteriormente, avaliá-lo e, quem sabe, guardá-lo, sem grandes pretensões, para meu próprio estudo.

São revelações, depoimentos pessoais, patrimônio sagrado íntimo — datados e registrados cronologicamente — que retratam a história franca de minha caminhada como médium, as dificuldades, dores e alegrias de uma alma insaciável em busca de respostas milenares, de se conhecer e de adquirir conhecimentos.

Ainda sem compreender, naquele momento, a destinação desse material, preservei certas identidades as quais nada adicionariam ao exposto, bem como evitei dados que resultassem em constrangimento ou conflito com pessoas envolvidas. Eu não procurei desenvolver a mediunidade ou provoquei algumas situações que passaram a existir de forma crescente em minha vida.

Alguns de nós, dotados de uma sensibilidade mais acurada, conseguem perceber sons e imagens e, como consequência, a existência da dimensão espiritual, com a qual é possível entrarmos em comunicação. Esses fenômenos são naturais, importantes na solidificação da crença da imortalidade da alma e podem eclodir em qualquer tempo e lugar, pois a mediunidade é lei da natureza, não é propriedade do Espiritismo. Essa faculdade é neutra, não é boa nem má, compete ao médium fazer dela uma tarefa benéfica; e, para tal, há de ser respeitada com seriedade de propósitos. Não basta ter fé e assistência da Espiritualidade, é fundamental o estudo doutrinário e educar-se na moral cristã.

O Livro dos Espíritos, O Livro dos Médiuns e as demais obras da Codificação de Allan Kardec, além de Léon Denis e as psicografias de Francisco Cândido Xavier, são imprescindíveis a qualquer médium que valorize a sua faculdade.

O médium deve estar atento, pois nada realmente importante se adquire sem trabalho e disciplina. Um gradual e complexo roteiro se inflige aos que buscam virtudes superiores; o que eu estou longe de atingir, porém, em luta.

Há dificuldades no desenvolvimento e exercício da mediunidade, logo percebe-se o quanto o médium deve se manter atento, prevenir-se contra as falsas interpretações, contra as causas de erro e de desesperança, pois, durante a fase preparatória, as faculdades adquirem adequada maleabilidade e os resultados inicialmente obtidos são quase sempre provenientes de relações estabelecidas com os Espíritos inferiores da dimensão invisível. Sem a prudência necessária, o médium pode deixar-se levar pelas sugestões de Espíritos embusteiros e ser vítima de mistificações, podendo dar início a um processo obsessivo e acarretar lamentáveis resultados.

A mediunidade percorre fases sucessivas, uma multidão de Espíritos nos cerca permanentemente, ávida de se comunicar com os homens. Na maioria, são Espíritos levianos, poucos adiantados, por vezes, ignorantes e até maldosos, cuja densidade de seus próprios fluidos os conserva encarcerados à Terra.

Os Espíritos superiores, ao contrário, animados de nobres aspirações, revestidos de fluidos sutis, situam-se em planos espirituais mais elevados e se identificam pelo alto grau de conhecimento que demonstram. Quando imprescindível, apresentam-se, para velar por seus tutelados com um fim útil e em circunstâncias importantes.

Por todos esses motivos, os primeiros contatos de um médium iniciante, desejoso de aprender e servir, são de extrema responsabilidade para quem o recebe na casa espírita. O médium pode sentir-se desamparado e confuso, como era o meu caso inicialmente, antes de chegar ao Espiritismo e ao CEAC.

Há dificuldades em distinguir o que se pode atribuir ao próprio organismo e à personalidade e o que deriva de uma influência estranha, para determinar, em seguida, a natureza dessa influência. Sendo acolhido com a indispensável compreensão e adequadamente dirigido e instruído, o médium poderá chegar a ser um benéfico colaborador na tarefa para a qual, naturalmente, veio preparado.

A mediunidade torna possível a manifestação do Espírito através do corpo. Se o médium aprender a disciplinar as relações Espírito-corpo, cultivar o equilíbrio do Espírito e não perder o domínio de si próprio, poderá formar sempre uma opinião razoável e de bom senso sobre os acontecimentos de forma a criar para si mesmo um ambiente espiritual de moralidade, amor e respeito pelo próximo.

Ao aprender, como Espírito, a dominar o seu livre-arbítrio e selecionar as suas companhias espirituais, sua mediunidade se aprimora e se torna segura.

Pelos motivos acima, em função de eu ter enfrentado situações adversas e até vexatórias; por hoje, eu entender que a mediunidade não é uma doença, nem o indício de um desajuste físico, mental ou emocional, embora sem o correto direcionamento possa produzir distúrbios comportamentais, orgânicos ou até mentais; por assimilar a finalidade da faculdade como instrumento de conduzir os seres ao progresso, oferecendo a significativa contribuição ao bem geral; pela profunda gratidão às pessoas e aos mentores espirituais os quais se dispuseram a me ajudar com afeto, respeito e benevolência, eu aceitei a orientação da Liz de trazer ao conhecimento público algumas experiências que deixaram indeléveis marcas em meu coração, dispondo-me a compartilhar com outros médiuns observações práticas e teóricas, visando ao exercício adequado de suas faculdades.

Que este material possa servir de inspiração e auxílio em torno da complexa tarefa da mediunidade, pois muitas ocorrências são evitáveis dentro de um contexto doutrinário do Espiritismo interpretado adequadamente, uma vez que o conhecimento impróprio, escasso e desvirtuado acarreta problemas graves.

Outro relevante motivo que me impele a este trabalho é o número crescente de suicídios. Ao confidenciar algumas experiências em cenas, movimentos e cores vivas, espero que pessoas que tenham em mente desembaraçar-se da vida incluam a oportunidade de refletir e buscar respostas se realmente esta existência terrestre é o fim de tudo, ou se, rejeitando a valiosíssima oportunidade da reencarnação, não cometeriam um erro, do qual, posteriormente, lamentarão.

Deus é Pai, é Amor, é Misericórdia.

O suicida, depois de muito penar até superar os desajustes maiores que provocou com o seu gesto, é socorrido em hospitais da Espiritualidade, preparando-se para um retorno à carne, onde reencontrará as mesmas situações das quais tentou fugir, em regime de débito agravado, com prováveis limitações físicas, que obrarão como instrumento de drenagem dos desajustes provocados em si mesmo.

Até que isso aconteça, poderá desenvolver-se sob a tutela de Benfeitores Espirituais, os quais o orientarão, aguardando a oportunidade de reencarnar, colhendo as consequências de sua imprudência.

Por isso tudo, pelos longos anos de experiência mediúnica com Espíritos suicidas, cujos relatos são consideravelmente dramáticos, perturbadores e sofríveis, anseio testemunhar que a vida continua.

Concluo, citando a ideia de um grande mestre e amigo já desencarnado: "não estamos na Terra em excursão. O desígnio de nossa passagem pelo mundo é a nossa evolução. Dores são resgates;

problemas são estímulos; dificuldades são desafios; crises são testes que conferem nosso aprendizado. No somatório, temos abençoadas oportunidades concedidas por Deus, em favor de nosso crescimento como Espíritos imortais".

3

Os hóspedes espirituais

Ao contar esta história, cabe-me refazer de memória a trajetória percorrida.

Os relatos foram registrados na época em que ocorreram os fatos, portanto, escritos em diferentes intervalos, e serão mantidos no limite de minhas expressões, pois não se destinam a provar nada a ninguém.

Alguns eventos importantes de manifestações mediúnicas e de recordações de minha memória foram registrados fielmente sem nenhum fim.

Arrisquei-me a encontrar um ponto de partida, embora os acontecimentos tenham ocorrido desde a infância, de forma natural e familiar, aumentando à medida que eu crescia.

Eram fatos estranhos e inexplicáveis, em sua maioria, se nos concentrarmos somente na vida material. Não é fácil, para quem encontra em si os primeiros indícios de mediunidade, acessar um ambiente propício no qual as suas faculdades possam ser percebidas, identificadas, treinadas e, por fim, praticadas com proveito geral.

O médium necessita de recolhimento para os exercícios de sua faculdade, todavia, é imprescindível o conhecimento, estabelecer uma disciplina e ter todo um sistema de apoio, uma estrutura que lhe proporcione as condições as quais o serviço exige.

Ao extravasar certos fenômenos de forma nada sutil e discreta, eu fui amparada por um pequeno círculo de pessoas com excelente preparo doutrinário, experiência, maturidade e sensibilidade, e que me permitiram ser não somente uma discípula, todavia uma companheira de trabalho, sem que elas se deixassem fascinar pelo teor das experiências reveladas.

Por tudo isso, começarei, então, do início.

O sentimento religioso manifestou-se em mim, na infância, por um vivo amor ao Catolicismo. As pompas resplandecentes dos cultos, a melodia dos teclados, os cantos em louvor, o cheiro das velas, a suntuosidade das igrejas, a vibração do ambiente, as visões preenchiam a minha alma com uma profunda emoção. Por vezes, sentia-me crescer, como se revestida de algo superior, de ecos, de desconhecidas potências. Fui criada em berço católico; não conhecia a Doutrina Espírita, para nela me amparar, todavia, apresentava prematuros sinais de mediunidade.

Alguma coisa me continha, sem relatar os acontecimentos, com receio da incredulidade de outros, pois as ocorrências se davam comigo, e não com os demais. Além disso, eu tinha receio de ser ridicularizada.

Eu via, ouvia e compreendia os eventos; os demais, não!

Eu trazia uma concepção íntima apurada a respeito da ideia de Deus, com um sentimento inato de que estamos a serviço do Criador.

Igualmente, me era familiar a ideia da reencarnação, embora eu não tivesse a verdadeira noção dos acontecimentos à minha volta, ou seja, dos fenômenos acerca de seres que ninguém parecia ver ou ouvir e que ocorriam à minha revelia.

Os meus sentidos habituaram-se às ocorrências, no silêncio.

Uma entidade, em especial, acompanhada de outras, andava pela minha casa, aparentemente ninguém a via, salvo eu. Não sabia os seus nomes, reconhecia-os pela aparência e pelas suas vibrações de amor e doçura.

Os hóspedes espirituais mais frequentes eram um *padre* e uma *moça*, cujos olhares transmitiam paz e esperança, como se fossem raios solares a iluminar o meu íntimo e obscuro estado.

Narravam acontecimentos reais, positivos, demostravam o seu modo de viver no além-túmulo, que eu entendia serem esferas espirituais e não materiais, muito divergente daquele estado indefinido, contemplativo e inexpressivo, o qual eu aprendera ser o único existente. Demonstravam o trabalho se desdobrando pelo Espaço, eu era levada durante os desdobramentos do Espírito a localidades para verificar as realidades do mundo invisível, davam-se passeios em jardins, paisagens, florestas, ambientes, salas, habitações, construções...

A presença deles tornou-se algo natural. Certa feita, o *padre* se apresentou: "— O Pai Criador está em cada um, eleve a sua alma a Ele, ame a si mesma, ame ao próximo e será justa! Há uma só religião: a caridade. Meu nome é Germano e, um dia, conhecerá a minha história".

Acostumara-me com a ideia de que era melhor guardar aquela realidade para mim; me parecia curioso o fato de que, com os outros, não se dessem as mesmas ocorrências, então, eu as registrava. Aparentemente, os meus familiares nada viam, e os fatos passavam despercebidos, intrigando a minha mente.

Nessa fase, eu passei a ter a ideia de que eu era diferente dos demais, tornando-me meio reservada. Segui com tendência à timidez, com alguns complexos, um sentimento de ser meio "esquisita", ocultando os eventos, sem confidenciar os noticiários do Espaço ou "sonhos" a quem quer que fosse.

Ao brotar uma sensibilidade mais aguçada, meu raciocínio parecia seguir em busca de encontrar respostas, mergulhar na origem dos dogmas, analisá-los, entendê-los.

Eu não via senão os princípios do Cristo deturpados, um Deus parcial e cruel, entronado sobre um acervo de superstições. Eu respeitava profundamente a minha religião, porém, seguia em busca de uma crença que esclarecesse as minhas dúvidas e fosse capaz de satisfazer o meu coração, a minha razão, a minha necessidade de fé e de justiça.

Então, eu orava. E, no silêncio da noite, eu encontrava respostas mais eloquentes que todas as vozes humanas conhecidas.

Durante a juventude, mergulhei nos estudos de diversas filosofias, até o atualizado Positivismo, e, nessa análise, destacou-se uma fé espiritualista, descobrindo na intimidade com Deus uma consciência suficiente para manter-me no caminho reto. Não eram "sonhos"; os acontecimentos eram reais.

E, ao desfrutar das companhias espirituais, eu assimilava gradualmente que a existência presente não seria a única para nós, que a alma deveria se elevar pelas vidas sucessivas, de mundos em mundos, rumo à perfeição.

E, acima de tudo, sentia a solidariedade entre os mundos.

4

Viagens no corpo astral

Especialmente, após o nascimento de meus três filhos, os eventos de emancipação da alma acentuaram-se.

Em determinados estados, o Espírito encarnado se emancipa parcialmente e, passando a gozar de relativa liberdade, abrange diversas percepções e manifestações. No desdobramento, o Espírito, com o seu perispírito, se afasta do corpo físico; o perispírito continua ligado ao corpo por cordões fluídicos (consentindo ao Espírito tomar conhecimento do que se passa com o corpo e retornando de imediato, se for necessário); o corpo físico permanece com as funções orgânicas reduzidas conforme o grau do desdobramento; o perispírito é que revela a vida do Espírito, agindo com maior liberdade, podendo afastar-se a amplas distâncias do corpo.

O desdobramento pode ser consciente ou inconsciente; em meu caso, na maioria, são estados conscientes e, visivelmente, provocados pela *moça* ou pelo *padre*.

Nessa recuada época, sem possuir o conhecimento espírita, a Espiritualidade parecia atuar no sentido de me proporcionar a vivência de algo além dos limites do meu entendimento.

Certo dia, recebi a instrução espiritual para que eu grafasse as recordações das experiências instrutivas fora do corpo físico, o que eu pensasse, sentisse ou visse, pois receberia assistência nos apontamentos.

E os registros, então, permaneceram na primeira pessoa do singular.

Examinava o corpo físico inanimado, em repouso ou em um tipo de transe, o meu perispírito seguia transportado em excursões pela dimensão invisível.

Ouvia e via um mundo acessível na dimensão astral.

Notava a indução de Benfeitores Espirituais, propiciando alcances ou percepções úteis aos mais recônditos lugares para algum aprendizado ou esclarecimento, e, sendo parte das cenas que se passavam à minha vista, orientavam-me para a importância da fidelidade, da oração e da vigilância.

Bem mais tarde, elucidaram-me de que o fenômeno do desdobramento espiritual é uma experiência inevitavelmente íntima, sem conferir maior nível evolutivo ao Ser, pois há falanges de enfermos psíquicos que vivem parcialmente projetados. Tal experiência, contudo, permite-nos substituir a crença pelo conhecimento. A dificuldade reside na recordação das ocorrências com nitidez, em face da inaptidão biológica milenar de retenção, apesar de isso ser superável, pois assevero que os registros aqui expostos são autênticos.

Certa ocasião, em meu quarto, encontrava-me adoecida e em repouso.

Gradualmente, eu deixei mentalmente de sentir o corpo físico, surgindo, assim, certo desconforto, um estado vibracional alterado.

Concentrada, notei uma forte luz com alguns seres ao meu redor e *descolei-me* do corpo físico. Depositaram algo em minha cabeça. Eu deixei o corpo físico na cama e os segui, flutuando pelo espaço.

Logo, vi-me em um jardim familiar, e, naquela ocasião, chamou-me a atenção, enchendo-me de admiração, o céu em uma paleta de cores inusitadas e brilhantes, traduzindo a mensagem silenciosa e sublimada.

Tudo parecia mais belo e brilhante, revelando uma visão extraordinária.

Avistei a *moça.*

Com sua habitual generosidade e autoridade moral, ofereceu-me sua mão, eu lhe estendi a minha. Ela me mostrou, em uma tela, imagens, especialmente um mapa com várias demarcações; surgiram cenas com personagens em trajes antigos.

Algo me conduzia àquele lugar, como se ali eu experimentasse lembranças gravadas em meu coração. Em determinado momento, eu ouvi:

— Mantenha a vibração. No silêncio, despertará para um dever que assumiu, o qual será tomado de forças novas e fortalecido no bem.

Ela prosseguiu:

— A vida além-túmulo é intensa, real. É a verdadeira pátria de todos. Ao extrair visões contidas em sua memória, silencie. Com o tempo, serão evidentes, e você as experimentará sob diversas formas. Se for permitido por Jesus, então, virá mais tarde o tempo em que você poderá falar. Por enquanto, deve aprender a obediência, a discernir as *vozes* uma das outras. E não é somente aqui que elas se fazem escutar, mas em qualquer lugar que esteja. Se me chamar pelo pensamento, eu irei, a escutarei e a auxiliarei a guiar os seus passos. Somos as almas dos indivíduos que viveram sobre a Terra, "pessoas sem corpos", ou seja, os Espíritos, que não são senão as almas dos homens despojadas do invólucro corpóreo.

Breve pausa, avançou:

— Não se pode esperar dos Espíritos mais do que se espera dos homens; não se pode querer que conheçam todas as coisas, pois sua inteligência e sua moral são limitadas ao progresso realizado por suas experiências, não lhes sendo garantida a perfeição apenas pelo fato de não possuírem corpos; gozam de todas as possibilidades e limitações das pessoas, de acordo com o estado moral e com o grau de purificação que tenham alcançado.

"Eu creio em reencarnação", pensei.

— E, caso assim não fosse, inegável seria a existência de Deus, pois a Criação demonstra Sua existência. Quanto ao dom, em alguns casos, se revela desde a infância e sem esforço atinge com os anos um bom grau de afinação. Pode representar o resultado de aquisições anteriores, o fruto dos labores efetuados na Terra ou no Espaço, que trazemos, ao renascer, conosco. Muitos têm a intuição de um mundo superior, espiritual, em que existem, como em reserva, poderes que lhes são possíveis adquirir mediante íntima comunhão e elevadas aspirações, para, em seguida, os manifestarem sob diversas formas. Aplicado em tal sentido, o dom torna-se uma faculdade preciosa, por meio da qual podem ser realizados deveres, obras e benefícios amplos. À Humanidade seria facultado um poderoso elemento de renovação, se todos compreendessem que há, acima de nós, um inesgotável manancial de energia, de vida espiritual, que pode ser atingido por gradativo adestramento, por constante orientação do pensamento e da vontade no sentido de assimilar suas ondas e radiações.

— A Igreja nos ensina que na morte a alma é julgada e, eternamente, presa ao lugar do castigo.

— Devemos amar a Deus, nosso Pai; obedecer à Sua lei, mas essa lei é uma lei de amor e não uma lei de austeridade. Conhecendo as fraquezas do homem, como poderia se mostrar tão severo para com ele? — Eu ouvi.

— E como se consumaria então a justiça divina? — interroguei em pensamento.

— A alma, deixando a Terra, vê descerrar-se o véu material que lhe fazia esquecer sua origem, seus destinos. Compreende, então, a ordem; vê o Bem reinar acima de tudo. Segundo sua vida tenha sido boa ou má, improdutiva ou abundante, conforme ou contrária à lei do progresso, desfruta uma paz agradável ou sofre um cruel remorso até que retome a tarefa inacabada. — Prosseguiu:

— Ao retornar para esta Terra de provas e dores, o Ser deve trabalhar por seu próprio adiantamento, amparar, auxiliar os que necessitam; e deve, igualmente, abranger e realizar as tarefas as quais se propôs...

— A alma cumpre várias jornadas existenciais na Terra.

Meus sonhos se repetem... cenas fragmentadas, imagens vivas de cenários, como se lá eu estivesse, transportada à outra época. Vejo uma residência, uma escada, conheço os cômodos como se eu morasse lá; pessoas, uma carruagem, uma igreja, um hospital, um padre, roupas nobres, uma fazenda, imagens de uma senzala, um diário... — expliquei.

— Uma existência não pode ser suficiente para nos permitir atingir a perfeição. A vida é imortal, e no progresso indefinido do Espírito há uma solidariedade no fio das existências. Algumas reminiscências de vidas, vez por outra, poderão surgir. Em circunstâncias excepcionais, há a possibilidade de se recordar das próprias existências pretéritas. Sob a nossa diretriz, de forma singela, poderá reconstituir suas existências passadas, com um propósito superior preestabelecido, desde que as tribulações e as ocupações da vida material não a desviem da observação interior de si mesma.

Adiantou-se:

— Em geral, isso não acontece. Deus julgou conveniente lançar "um véu sobre o passado", pois a lembrança traria graves inconvenientes, perturbações inevitáveis. A pluralidade das existências é a presença da Misericórdia Divina que permite a reencarnação para os aprendizados e as devidas reparações. Siga, pois, sua jornada, e confie em nós. Eu sei que quer saber o meu nome, mas isso não importa.

Daí adiante tudo se apagou.

Em meu íntimo ficou gravada a imagem daquele céu admirável de um Deus Perfeito e Justo, que paira impecável e sereno, traduzindo a mensagem silenciosa e amorosa aos meus ouvidos espirituais.

Depois, ela me chamou pelo nome, e, já em minha cama, eu despertei.

Então, solicitou que eu registrasse.

Eu senti como se fosse um jato originado dela, vindo em minha direção, e pude escrever, lembrando cada palavra, como se ela as pronunciasse simultaneamente à escrita. Após o registro, ela concluiu:

— Cultive boas aspirações no coração, para melhor se dedicar aos deveres que a sua renovação rumo a Deus impõe.

Em outra ocasião, a Benfeitora Espiritual confirmou pontos em um mapa como se houvesse uma ligação estabelecida entre os locais demarcados e as cenas, de modo que a visão se ampliou e pude conferir aspectos gerais de paisagens distintas. Aspectos desiguais eram oferecidos quanto aos mistérios da vida e da morte, ampliando meu conhecimento.

Diferente perspectiva de estudo se abre ao entendimento, sendo interessante a leitura de *O Livro dos Médiuns*, no capítulo XIV, item 165 – *Médiuns audientes.*

Em um pequeno trecho, a Benfeitora Espiritual faz referência ao cumprimento do dever, chamando-me a atenção sobre o ensinamento da questão 573, de *O Livro dos Espíritos,* na qual encontramos relevante preceito sobre a missão dos Espíritos que, ao reencarnar, consiste em ajudar o progresso da Terra e daqueles que nela estão estagiando para acordar em cada qual os valores morais e espirituais. Não basta somente o aprendizado na Espiritualidade, é necessário, ao reencarnar na Terra, se esforçar, realizar, ser útil, compreender a vontade de Deus.

Ensinam também os Espíritos, na resposta à questão 675: "Toda ocupação útil é trabalho". Referindo-se às leis do trabalho, as ocupações materiais são necessárias para a sobrevivência do homem e para o bem-estar da sociedade, entretanto, existem as ocupações morais, as espirituais tão necessárias quanto as demais, pelo aprimoramento das almas, pois Jesus nos pede que sejamos úteis, executemos o dever humanitário com amor.

Ao referir-se sobre o esquecimento do passado, há um manancial de ensinamentos nas questões 392 a 399, em *O Livro dos Espíritos*, que muito acrescenta ao exposto. Será de grande utilidade para o estudo do tema que se busquem as questões de expressiva contribuição para alcançar as perspectivas colocadas pela Benfeitora Espiritual.

Retrocedendo à experiência que tanto me marcou o coração, após o registro no caderno de apontamentos, a Benfeitora Espiritual manteve-se ao meu lado ainda por algum tempo. Eu a via com um reflexo misterioso de um outro mundo, de outro tempo, uma vaga lembrança de um amor puro e verdadeiro, um tesouro de beleza, de pureza, e até, por que não dizer, de caridade para comigo.

Emoção serena, sentimento de cumplicidade, sem que eu pudesse descrever.

A presença dela despertava em mim ondas de sentimentos e pensamentos edificantes, generosos, um ardente desejo de ser uma pessoa melhor.

Uma atmosfera fluídica, em conexão íntima com o seu estado moral, me envolvia e, seguindo a sua natureza de bondade e amor, eu passei a experimentar um estado de Espírito novo, sem que ainda eu pudesse cultivá-lo.

O timbre de sua voz, ritmado, dirigia-se a mim, com firmeza e doçura, e acordava em meu ser ecos de uma brandura infinita.

Na Doutrina Espírita, encontramos um tesouro de conhecimentos sobre o perispírito, que arquiva em si suas experiências evolutivas; todos os acontecimentos de nossas vidas ficam registrados como algo permanente, conservando-se as sensações, os pensamentos, os atos, as vontades, as memórias, acumulando-se em camadas sucessivas, onde, aparentemente, as mais atuais experiências revogam as mais remotas.

Na Erraticidade, antes de reencarnar, o Espírito pode rever uma ou mais experiências vividas.

***

À semana seguinte, houve novo acontecimento de desdobramento, ou seja, de desprendimento espiritual do corpo físico.

A consciência surgiu-me próxima a uma cachoeira onde uma equipe de instrutores espirituais atendia um homem "morto".

O Espírito permanecia sentado com a fisionomia de um doente mental, roupas rasgadas, como se desnorteado moralmente por uma culpa acumulada, olhar fixo em direção à queda-d'água.

Eu ouvia o som das águas quebrando nas pedras.

A *moça* explicou mentalmente que assistiam aquele Espírito enfermo, preso a ideias fixas implacáveis, há muito isolado ali no local, julgando-se continuar entre os homens; ele desencarnara envolvido em um drama delicado.

Elucidou que a imortalidade lhe ofereceria os recursos para o "cair e levantar-se", refazer-se dos equívocos rumo aos aprendizados sucessivos que se fizessem necessários. Ao lado dele, apresentou-se um Espírito feminino jovem e belo, que lhe estendeu a mão sobre sua destra, endereçando-lhe um abraço de paz, e outros seres espirituais apareceram redobrando a carícia.

Foi como se eu ouvisse o soluço daquele ser dentro de meu peito, como se ele despertasse de um choque, e cenas se desfecharam em uma faixa luminosa.

Senti-me aliviada, quando ele foi acolhido pela equipe espiritual de túnicas claras, "levantando-se" e sendo levado do local, para alicerçar a própria felicidade futura, segundo o próprio Cristo: "A cada um segundo suas próprias obras".

Em seguida, já de retorno ao corpo físico, eu passei a ouvir a *moça* chamar meu nome, ao longe. Logo veio como se fosse um jato ressoando em minha cabeça, com as recordações e os detalhes das ocorrências na cachoeira.

A história é extensa, infeliz, com um testemunho de profundo amor e sábios ensinamentos. Uma vez terminada a escrita, detalhada e longa, deitei-me novamente em minha cama e adormeci em paz.

Com o tempo e o estudo das obras básicas, algumas ponderações da mentora espiritual se confirmaram nas observações feitas por Allan Kardec.

O livro *O Céu e o Inferno*, em cujas palavras vamos encontrar Kardec dialogando com suicidas, criminosos arrependidos, Espíritos em condições medianas, felizes e outros, há uma gama de aprendizados da realidade espiritual.

Kardec lidava com os Espíritos como homens, tratando-os como iguais, sem deferência por seus nomes, sem receio por suas posições, sem desprezo por sua baixa elevação moral e sem orgulho perante sua pouca inteligência. Abordava-os sem distinção, o que lhe avalizou transitar pela realidade invisível sem se deixar enganar nem se deixar vislumbrar. Apresenta em *O Livro dos Espíritos* o que chamou de "Escala Espírita", dividindo em três categorias os diferentes graus pelos quais os Espíritos passam no caminho evolutivo individual.

Espíritos imperfeitos – integrada pelos impuros, levianos, pseudossábios, neutros e batedores e perturbadores;

Espíritos bons – composta pelos Espíritos benévolos, sábios, de sabedoria e superiores;

Espíritos puros – a qual fazem parte "os Espíritos que [...] percorreram todos os graus da escala e se despojaram de todas as impurezas da matéria" (*O Livro dos Médiuns,* Allan Kardec).

O estudo da classificação é indispensável para se apreciar a natureza dos Espíritos que se manifestam, assim como suas boas e más qualidades, motivo pelo qual remetemos o estudo às páginas de *O Livro dos Espíritos.*

Na obra *O Céu e o Inferno* ou *A Justiça Divina segundo o Espiritismo,* capítulo VII – *As penas futuras segundo o Espiritismo* – no qual está incluso o *Código Penal da Vida Futura*, elaborado por Kardec, orienta em 33 itens sobre o "cair e levantar". No item 9: "Toda falta cometida, todo mal realizado, é uma dívida contraída que deve ser paga; se não for numa existência, será na seguinte ou nas seguintes, porque todas as existências são solidárias, umas com as outras [...]".

Em *O Livro dos Espíritos*, Lei do Progresso, nas questões 776 a 802; a pluralidade das existências, nas questões 166 a 221; e ainda na questão 222 oferecem a noção clara e os alicerces necessários para o estudo e as considerações que a breve história deste triste drama nos traz.

5
Visões

As primeiras visões iniciaram-se na infância.

Vinda de uma família católica fervorosa, minha avó "Biga", a quem tive verdadeira afeição e cuja participação em minha vida foi inestimável e de grande influência, era nada simpática a estes assuntos sobre Espíritos ou Espiritismo. Como filha de pais separados, eu passei em sua companhia grande parte da infância e adolescência. Costureira simples, exemplar e requisitada, enquanto ela costurava para adultos, eu desenhava, improvisava modelagens, cortes e costuras das roupas de boneca.

Certa ocasião, ela trabalhava em sua máquina, e eu, ao seu lado, manuseava tecidos os quais costurava em minha máquina de brinquedo.

Apreciava ficar em sua presença, "costurando", mas sempre acompanhada de meus cadernos de desenhos, fazendo o esboço de vestidos, retratando semblantes de pessoas ou paisagens.

Minha avó tecia comentários sobre sua sogra, e, portanto, sobre minha bisavó paterna, a qual eu não conhecera, pois já era falecida àquela época. Dizia que não se estabelecera afinidade entre elas, embora a sogra fosse uma boa pessoa, e que ela exercera ativamente a função de presidente de um centro espírita na cidade de Xavantes, o que minha avó não aprovava.

Nesse dia, eu estava sentada no chão, cortando panos, e uma senhora (Espírito desencarnado) sentou-se a uma distância de mais ou menos dois metros.

Eu a vi, senti-me familiarizada, sem assustar-me.

Eu não compreendia, mas nada se assemelhava aos olhares amigáveis dos "amigos fantasmas" que se faziam presentes em certos momentos. Eu podia encontrá-los e vê-los, de dia ou de noite, sentia estar sob proteção e segurança.

Súbito, minha avó rompeu o silêncio, passou a revelar que, para casar-se com meu avô, ela o fez escolher entre seguir a crença materna espírita de sua família ou o catolicismo, crença da família dela, pois "conviver com espíritas era temeroso", e, principalmente com médiuns; por vezes, "sendo necessário recolhê-los em hospitais de alienados para serem curados".

À época, eu não tinha qualquer informação, mas, bem depois, eu soube que havia casos de médiuns na família, por isso, talvez, o receio exacerbado dela.

Eu escutava-a com atenção e profundo respeito, quando observei que a senhora "fantasma" ainda estava ali, a expressar-se, sinalizando com o dedo indicador para que eu permanecesse em silêncio.

Disse-me verbalmente, ou pelo pensamento ou telepaticamente, que seu nome era Amélia. Ela sorriu, e eu, igualmente. Eu sabia que a aparição não era imaginação nem personagem de fábulas infantis, que a Amélia ali presente era a minha bisavó paterna, morta, mesmo sem conhecê-la.

Ao chegar em casa, já em meu quarto, ao preparar-me para anotar o ocorrido, a senhora Amélia apresentou-se e confirmou que era a minha bisavó.

Passei a crer, com a aprovação dela, que escrever acerca das ocorrências que, salvo eu, ninguém parecia ver, seria bom. Além dela, eu notei a presença da *moça* e do *padre*, que pareceram simpáticos às minhas anotações. Havia uma sensação de profunda nostalgia, de já conhecê-los. Ele sorriu. Isso me animou.

Fiz os registros na presença deles, atribuindo aquelas revelações às suas vontades. Escrevi sobre eles: *a moça* e o *padre* e minha bisavó. Anotei as visões do "sonho" constante, em que eu me via com um vestido antigo segurando uma menina no colo, uma cena que se abria com o nascimento de um menino, imagens de uma fazenda, um hospital em que muros alcançavam toda a quadra, um padre diverso, uma carruagem, um piano, um salão com muitos casais dançando...

Registrei o depoimento de minha avó sobre pessoas que viam homens e mulheres que não existiam, persistiam em ver "fantasmas", e, segundo o seu depoimento, "*muitas delas haviam começado a ver uma coisa, depois outra, e, enfim, tornavam-se pessoas perigosas, sendo necessário recolhê-las em hospitais de alienados para serem curadas.*"

Aquela conversa da minha avozinha me congelara o sangue na veia, pois eu os via. Ao término do registro, envolvida em vibrações salutares, o *padre* disse-me:

"— Minha filha, nos conhecemos há muito. Vivemos ontem, viveremos amanhã, vivemos sempre, pois, se assim não fosse, quão curto seria o prazo de uma existência para aquele que 'cai e quer se levantar'. Não é preciso ir à igreja para rezar habitualmente, pois, para elevar uma prece a Deus, com a alma e o coração, todos os lugares servem. Deus se afirma por Suas obras, Ele está por toda a parte e tudo vê, tudo preside, mesmo as menores coisas. Possuímos em mínima dinamização, passível de se desenvolver pela trajetória evolutiva, o gérmen dos atributos Dele. Para o Nosso Deus Pai, não há meio de ocultar o que sentimos. Escreva, minha filha, procure estudar, pesquisar, refletir... não deixe de registrar. Os escritos a ajudarão. Confie! Assim deve ser."

A entidade comunicante prosseguiu: "— O seu caderno será um grande aliado em sua vida. Estamos com você".

Silenciei. Aquele encontro provocou um tipo de transe.

O processo aconteceu à revelia de minha vontade.

Eu deitei, senti que aconteceria algo diferente.

Ao relaxar, o teto do meu quarto foi se abrindo, e bem em cima da cabeceira de minha cama desceu uma luz intensa, como se em forma de tubo, formando um feixe de luz. A *moça* se posicionou próxima, esticou suas mãos em minha direção e delas começaram a sair como se fossem raios de luz que seguiam para minha cabeça.

Daí adiante foi como se o meu corpo se levantasse na posição horizontal, podendo me ver em dois corpos, um embaixo e outro acima. O "corpo de baixo" vestia minha própria roupa, e no "corpo de cima" havia uma espécie de túnica clara.

Em seguida, a parte superior de meu corpo inclinou-se, a partir daí "levantei-me". A *moça* deu-me a mão, passamos por um tipo de túnel claro e comprido.

Após intensa neblina, chegamos a uma sala branca.

Em seguida, fixei o olhar em uma tela.

Imagens se formaram. De maneira especial, vi a de um círculo, um tipo de altar de pedras no meio de uma floresta. Havia pessoas e girassóis espalhados, imagens que, futuramente, eu soube tratar-se da Irlanda, na época dos druidas.

Fixei-me nas imagens, o *padre* esclareceu:

— Nessa época, esse povo dominava quase todas as áreas do conhecimento humano, cultivava a poesia, a música, tinha noções de medicina, de agricultura e astronomia. Não fazia o uso da escrita para transmitir seus conhecimentos fundamentais, por isso, muitas tradições do núcleo se perderam. Sendo assim, peço-lhe: escreva, minha filha.

Ousei ainda pensar:

— Foi nesse contexto que eu conheci o senhor e a *moça*?

— Aguarde. Para tudo há o tempo certo!

Em seguida, após o *padre* deixar a sala, eu e a *moça* passamos novamente pela neblina. Notei que eu já me encontrava de volta ao meu quarto, deitada em minha cama. Verti lágrimas de grata emoção.

Então, eu descrevi a experiência como se tudo ocorresse e se desfechasse novamente com uma visão e audição claras dos acontecimentos.

E assim foi que essas experiências vivenciadas espontaneamente, desde a minha infância, vieram repletas de proteção e doçura, pela presença daqueles Espíritos.

Sendo uma aluna estudiosa, habituara-me a passar o maior tempo entre leituras, livros e cadernos, sem causar estranhamento por escrever.

Adotei o silêncio como um mecanismo de defesa, confiante na realidade invisível.

Posteriormente, percebi que os ensinamentos valiosos do *padre* e da *moça* deixaram vestígios, induzindo ao estudo das questões 489 a 521 de *O Livro dos Espíritos,* que abordam a ideia dos anjos guardiões, Espíritos protetores, familiares ou simpáticos. A questão 491, sobre a missão do Espírito protetor, elucida: "A de um pai sobre seus filhos: guiar seu protegido no bom caminho, ajudá-lo com bons conselhos, consolar suas aflições, sustentar sua coragem nas provas da vida".

6

Baú de memórias

Nessa época, ainda na infância, visitamos uma tia de minha mãe em uma cidade do interior do Estado de São Paulo.

Era uma casa antiga, ampla, primorosa e bem cuidada, localizada perto da linha do trem. Havia uma extensa garagem, um majestoso jardim, árvores com amplas copas e frutas. Logo ao entrar, notei que seres do invisível circulavam ali, alguns "fantasmas" transitavam de um lado a outro, sem que eu pudesse identificá-los.

Uma senhora, Espírito desencarnado, com aspecto sisudo, chamara-me a atenção. Veste escura, tecido mole e com rendas, cabelos acinzentados, trazia nos ombros um xale preto de renda preso ao peito com um broche.

Parecia ser habitante da casa, pois não se ressentia de nossa presença.

Todos eles eram reais e cheios de vida.

Um bibelô de porcelana, linda peça decorativa em uma mesinha, chamou a minha atenção. Minha mãe conversava com os adultos na cozinha, e eu, na sala, atraída pelo objeto, o peguei "atrevidamente".

Ocorreu algo inusitado.

Cenas formaram-se ante meus olhos, à medida que eu toquei no bibelô, como se houvesse ligação entre o objeto inanimado e a remota história da qual eu não tinha o mínimo conhecimento.

Houve uma conexão, brotando sensações e imagens cinematográficas.

Vamos ao registro.

As pálidas sombras transitavam ainda.

Foi como se um "sonho" acontecesse, uma espécie de transe, como se o objeto tivesse vida, ou alma, ou, ainda, como se nele houvesse vestígios da hóspede espiritual sisuda e triste que trajava preto e perambulava pela residência. Tudo se desenrolou rápido, difícil de descrever as impressões.

Súbito, forte sensação de amargura.

Imagens aparentemente ultrapassaram as fronteiras do tempo, brotaram como se eu pudesse espreitar por uma "janela" o que acontecia naquele outro lugar, cenas vívidas eram projetadas.

Vi uma rua repleta de pessoas acompanhando um funeral.

Uma criança situava-se perto do caixão.

A criança e a pessoa morta no esquife possuíam uma forte ligação, e, de tal modo, parecia haver uma sintonia entre a "senhora fantasma" e o bibelô, sem a certeza de que a criança fosse a "senhora fantasma de preto".

A seguir, inexplicavelmente, as cenas desapareceram como se um baú de memórias fosse fechado.

E, quando já de volta à atmosfera presente, vi a senhora fantasma sendo envolvida por uma forte luz, como se todas as sombras fossem desaparecendo e só houvesse luz no ambiente.

Meu pensamento foi, então, ficando sereno, cessaram as impressões de tristeza e medo. Havia outra "pessoa fantasma", uma sombra enlutada, sentada em uma cadeira de balanço. Era um homem, olhos grandes e vivos, cabelos fartos, barba e bigode espessos, que acompanhou a senhora em sua remoção.

Expressava o amor que continua a nutrir os anseios de almas apresentando disposições novas. Ele sorriu como se consentisse o desfecho, ou melhor, como se fosse, inclusive, um afetuoso colaborador. O que havia acontecido? Haveria algo nas entranhas daquele bibelô? O bibelô tinha alma? Tinha memória?

Registrei o fato, tal qual adveio, sem dispor de conceitos adequados e nem de palavras apropriadas para relatar o sucedido à época.

Daí em diante, passei a ter mais cuidado e a ser menos atrevida ao pegar objetos que não me pertenciam.

Com pouca idade, sem conhecimento para abalizar a diferença entre os fenômenos anímicos e os mediúnicos, ou melhor, perceber os acontecimentos que eram produzidos pelo meu próprio psiquismo, como as imagens que se formavam, e os fenômenos espíritas, como as visões ou aparições de Espíritos desencarnados, eu seguia em silêncio, registrando os acontecimentos ao meu modo.

Ao chegar à Doutrina Espírita, e estudar, eu compreendi que o fenômeno acima enquadra-se na faculdade anímico-mediúnica denominada psicometria, ou seja, é a capacidade de, ao tocar em determinados objetos, entrar em relação com indivíduos e eventos ligados a eles.

A psicometria ocorre por via da percepção dos fatos impressos na aura do objeto ou por uma relação telepática que o médium faz com a mente de quem possui o objeto, independentemente de estar encarnado ou desencarnado.

O Espírito André Luiz, psicografado por Francisco Cândido Xavier, no livro *Nos domínios da mediunidade*, capítulo 26, diz:

> "Todos os objetos [...] emoldurados por substâncias fluídicas acham-se fortemente lembrados ou visitados por aqueles que os possuíram [...]. As almas e as coisas, cada qual na posição em que se situam, algo conservam do tempo e do espaço, que são eternos na memória da vida."

Nessa época, eu acolhia os episódios como algo natural, mas sem respostas; transcorriam como dogmas inadmissíveis, sem apreciações lógicas.

Em várias ocasiões, como se houvesse um propósito, eu ouvia narrações de diversas pessoas sobre terríveis histórias de Espíritos.

Nenhuma delas, porém, me assustava ou se assemelhava àqueles seres que iam me visitar em meu quarto ou na sala de costura de minha avó.

Definitivamente, eles não me inspiravam temor. Se eles eram Espíritos, ou santos, ou ilusões de ótica, alucinações, ou fantasmas, eu não sabia nominá-los ainda, tão somente trazia a certeza íntima de que eu não os temia, pelo contrário, causavam-me um profundo bem-estar.

Certo dia, depois de muito refletir, e em busca de orientações, eu procurei um padre, fui a um confessionário. Ouvira falar muito bem dele, isso animou-me, contei-lhe o que eu chamava de "sonhos", de "esquisitices", coisas que, para mim, eram realidades.

Esperançosa, confessei-lhe sobre as minhas visões, a história do bibelô, do padre fantasma que me visitava e me olhava com doçura, da moça pálida de cabelo longo e anelado, contei-lhe "quase tudo".

Disse-lhe que me encontrava com eles através do sono, sonho ou fora dele.

E que, por vezes, eles se comunicavam comigo sem que o contato se processasse pela palavra articulada, mas, talvez, telepaticamente.

O padre foi educado. Falou que acreditava em mim e sentia que eu não estava mentindo. Senti-me aliviada; daí, infelizmente, ele prosseguiu: "— muitas pessoas veem coisas que não existem. Iniciava vendo uma coisa, depois outra, e, por fim, tornavam-se ameaçadoras".

O padre concluiu, solicitando que eu rezasse.

Senti como se aquelas palavras me esfriassem a alma.

Ele não entendera. Tudo o que eu lhe confessara era real.

A partir daí, quem sabe por interferências psíquicas negativas, eu comecei a achar que talvez o padre estivesse certo e que somente Deus poderia auxiliar-me.

Eu deixei o confessionário desolada, mas, de imediato, eu me convenci de que eu não deveria retornar lá.

Depois, surgiu-me outra ideia: "Talvez fosse o satanás quem forçava os meus olhos a verem coisas que não existiam".

Passei a questionar se haveria algum medicamento que pudesse me curar da loucura. Por isso, e muito mais, segui a premissa de ocultar o meu "estado" o mais possível. Se eu estivesse louca, ao menos, ninguém o saberia. Tornei-me reservada, tímida, vigiava o que eu poderia falar ou não, com receio de denunciar minha "loucura". Tornei-me ávida de ocupações, receosa de achar-me sem ter o que fazer, pois eu fui informada de que o satanás inspirava maldade nos ociosos.

Passaram-se alguns dias, minhas ideias se alternavam.

Era noite. O *padre* espiritual apresentou-se usando de autoridade e serenidade, eu o via sentado em uma cadeira.

Não sei se ele falou por telepatia ou verbalmente, mas pude conservar a lembrança real daquele momento.

Depois, súbito, verifiquei o estado de desprendimento do corpo físico, vi-me entrar em uma igreja desconhecida. Tive a impressão de estar perante um "anjo", tal o encantamento que a presença do *padre* espiritual irradiava. Com sua entonação profética, ele proferiu: "— Acompanhe-me, minha filha".

Eu o segui. Depois ele disse:

"— Deus não a quer de joelhos na igreja. Ele a quer em pé olhando para o infinito, aprendendo a selecionar as *vozes* que lhe convém. Nosso Pai nos concedeu Jesus, que escolheu o auge dos montes e as embarcações frágeis para as suas pregações, para anunciar aos homens o seu Reino de Amor e Justiça.

"Desse manancial, procedem os aprendizados, as realizações elevadas na Terra ou no Céu. Sustentados por esta Fonte de Amor, Luz e Paz, devemos observar a vida do Espírito, a vida do mais além, onde muito se dilata a capacidade de compreensão dos seres. Ore a Deus com o pensamento fixo no Cristo, onde encontrará o alimento da alma e o amor interminável. Deus a abençoe".

Depois disso, nada mais percebi.

Gradualmente, a fé em Deus e a paciência da Espiritualidade

me impeliam a novos entendimentos dos dons mediúnicos que, espontaneamente, se conferiram desde a minha infância.

A presença e as considerações feitas pelo *padre* espiritual, com sua postura firme, coesa, afetiva e confiante, fizeram-me despertar das ideias que passaram a transitar em meu íntimo após a visita feita ao padre encarnado, refutando-as.

Os desafios daquele momento complexo sugerem o estudo do capítulo XXIII de *O Livro dos Médiuns*, intitulado por Kardec: *Da Obsessão.*

7
Presente do Céu

Após meus 14 anos de idade, os fenômenos de desdobramento acentuaram-se. Ocorria um tipo de "desmaio", sem que eu ainda encerrasse o conhecimento espírita. Um forte zumbido no ouvido surgia como se desprendesse algo quente ou permanecesse entupido, eu suava frio, minha visão conservava-se turva, experimentava mal-estar. Membros e músculos mantinham-se estáticos. Eu via o meu corpo inerte, uma perda temporária do movimento e da sensibilidade com a consciência desperta, sem conseguir me manifestar. Distinguia as pessoas a me socorrerem, sem conseguir mover-me ou me expressar, passando a crer estar doente ou haver algum desajuste orgânico.

De tempo em tempo, duas palavras ecoavam em minha mente, ressoavam de algum lugar, como se de um tempo longínquo, e amedrontavam-me: Bruxa! Louca!

Não saberia dizer de onde aqueles terríveis pensamentos surgiam; vozes emergiam para, depois, desaparecerem.

Ser louca! Eu pensava em coisas horríveis...

Via-me em um calabouço, depois em meio a uma imensa fogueira, notava muito fogo ao meu redor a me consumir, e eu pedia a Deus, quase freneticamente, que me preservasse da loucura. Não obstante, eu parecia não ligar para o fogo e nem o sentir. Mas vozes resolutas me incomodavam.

Em certas ocasiões, essas ideias me perturbavam, e eu refletia: Talvez, o padre da igreja tivesse razão, e eu sofresse de alucinações.

Em seguida, tudo se acalmava, as expressões emudeciam, e o meu estado voltava a ser natural.

***

A vida seguia seu curso, os anos passavam, e nuances da Espiritualidade fugiam-me à compreensão; as aparições e as vozes persistiam.

Em verificados casos, em repouso, eu observava o meu corpo deitado na cama, mas o meu ser seguia com a minha consciência, conhecendo detalhes e informações sem compreender exatamente o que se dava e para quê.

No fundo, o que eu desejava era abarcar a razão dos acontecimentos, uma resposta que me trouxesse segurança.

Absorvida pelos pressentimentos, implorei por sinais do Alto.

Certo dia, a *moça* terna, amável, que irradiava suave luz azul difusa no quarto, apresentou-se:

"— Mantenha-se em constante equivalência conosco, procure as respostas nos códigos do Evangelho e as encontrará. Confie".

Diante da visão espiritual, eu me reanimei, desfiz-me em lágrimas.

Registrei o fato tal qual ocorrera. Hoje, eu presumo que ela se referia à sintonia vibratória. Alguns dias depois, já em minha cama, antes de dormir, surgiu o *padre* com seus ajuizados conselhos.

Saudei-o com respeito. Ele elucidou:

"— No silêncio, quando os nossos olhares espirituais se deparam com tanta maravilha que o Pai concede aos Seus filhos, o coração se dilata, resplandecem no horizonte séculos sem fim. Em assinaladas terras entrelaçam-se às nossas vistas o brilho das estrelas, o encantamento das flores de primavera, o amor espalhando o pão da vida que fortalece os desprovidos do corpo e da alma. O Espírito foi criado pelo Ser Supremo para difundir o bem e progredir. Muitos vão à Terra para passar o tempo e não têm pressa em se adiantar, mas há quem estagie para trabalhar, instruir, lutar consigo mesmo e amar. Nosso Pai estabeleceu o trabalho como necessidade fundamental no processo evolutivo para o desenvolvimento da inteligência e de outros valores do Espírito. Um grande círculo permanece interligado, trabalhando, amando e servindo, aprendendo, ensinando, para o recíproco adiantamento com o propósito de esclarecer almas, despertar sentimentos na construção de crenças, reedificando-as nos corações. Grande é a criação! Grande é o laço de solidariedade! Infinito é o amor do Criador dos mundos".

Breve pausa, concluiu:

"— A verdade traz em si mesma o impulso que a revela e a sustenta. Anime-se. Dirija-se a Deus. Seremos as suas *vozes*. Nós a inspiraremos".

O *padre* mostrou aos meus olhos espirituais uma placa, em letras de forma e maiúsculas, identificando-se: GERMANO.

Uma grossa lágrima deslizou pela minha fronte, acolhi aquele momento como se fosse um presente do Céu.

Ele solicitou que eu escrevesse o seu nome, e assim o fiz com profundo sentimento de gratidão. Não posso, por certo, provar esses acontecimentos, uma vez que se trata de assunto transcendente, porém, ao compilar esses fragmentos vivenciados da vida espiritual, sinto como se eu estivesse cumprindo um dever, divulgando os segredos do mais além.

Posteriormente, eu percebi que o médium averigua em sua trajetória que, se o dever da mediunidade o presenteia com manifestações e "viagens" a lugares onde reinam a paz, a luz e o belo, ao preparar-se, ele é igualmente requisitado para realizar tarefas suscetíveis em regiões inferiores, onde se aglomeram entidades ainda inferiorizadas.

Nessas tarefas abençoadas no âmbito da legítima fraternidade, o médium pode obter manifestações ostensivas das mais variadas graduações, tanto em reuniões mediúnicas quanto durante a emancipação do sono, onde ele é transportado espiritualmente, com um fim útil, a regiões regidas pelo sofrimento, pela desordem, pelos vícios, pela miséria, ignorância e vingança, com o propósito de levar o auxílio, a esperança, a elucidação e o estímulo aos corações aflitos, levantar-lhes o entusiasmo, a coragem, sempre acompanhado de seus instrutores espirituais que o guiarão segundo as suas próprias provações e seu preparo.

Um bálsamo maravilhoso, prodigioso, eu verificava quando o *padre* se aproximava na tentativa de saciar a minha fome e de outros necessitados da compaixão, do amor e da caridade; comprazendo-se ele em compartilhar os frutos adquiridos de fazer o bem pelo próprio bem.

Diante da grandeza do coração da entidade espiritual, que se identificou como padre Germano, cujas manifestações sempre fizeram vibrar todas as fibras de meu coração, destacamos a Lei do Trabalho, apresentada nas questões 674 e 675 de *O Livro dos Espíritos*, cuja reflexão será profundamente oportuna.

A sua afeição ao Deus Criador, à natureza e às criaturas nos remete a atenção ao Evangelho: "O amor resume inteiramente a doutrina de Jesus, porque é o sentimento por excelência [...]", como bem indicam os Espíritos no texto a Lei de Amor, subtítulo do capítulo XI de *O Evangelho segundo o Espiritismo,* item 8.

Estudamos também na Doutrina Espírita, ainda em *O Evangelho segundo o Espiritismo* – capítulo IV – Ninguém poderá ver o reino de Deus se não nascer de novo – A reencarnação fortalece os laços de família.

Carinhosamente, o padre Germano, em suas manifestações, refere-se à nossa linhagem divina e à destinação da felicidade que estamos edificando.

Menciona os laços sagrados do amor, a benevolência real de alma para alma, sendo duráveis essas afeições espirituais, ocasionando abençoadas lições de esperança. Com a pluralidade das existências, inseparável da progressão gradativa, há a certeza na continuidade das relações entre os que se amaram, e é isso o que constitui a verdadeira família.

Em *O Evangelho segundo o Espiritismo,* item 18 – capítulo IV: "Os Espíritos formam famílias ou grupos entrelaçados pela afeição, pela simpatia e pela semelhança das inclinações. Felizes por se encontrarem juntos, esses Espíritos se buscam uns aos outros. A encarnação apenas momentaneamente os separa, porquanto, ao regressarem à Erraticidade, novamente se reúnem como amigos que voltam de uma viagem. Muitas vezes, até uns seguem a outros na encarnação, vindo aqui reunir-se numa mesma família, ou num mesmo círculo, a fim de trabalharem juntos pelo seu mútuo adiantamento. Se uns encarnam e outros não, nem por isso deixam de estar unidos pelo pensamento. Os que se conservam livres velam pelos que se acham em cativeiro. Os mais adiantados se esforçam por fazer que os retardatários progridam. Após cada existência, todos têm avançado um passo na senda do aperfeiçoamento. Cada vez menos presos à matéria, mais viva se lhes torna a afeição recíproca, pela razão mesma de que, mais depurada não tem a perturbá-la o egoísmo, nem as sombras das paixões. Podem, portanto, percorrer, assim, ilimitado número de existências corpóreas, sem que nenhum golpe receba a mútua estima que os liga".

No item 19, vemos que: "A união e a afeição que existem entre pessoas parentes são um indício da simpatia anterior que as aproximou. Daí vem que, falando-se de alguém cujo caráter, gostos e pendores nenhuma semelhança apresentam com os dos seus parentes mais próximos, se costuma dizer que ela não é da família. Dizendo-se isso, enuncia-se uma verdade mais profunda do que se supõe. Deus permite que, nas famílias, ocorram essas encarnações de Espíritos antipáticos ou estranhos, com o duplo objetivo de servir de prova para uns e de meio de progresso para outros. Assim, os maus se melhoram pouco a pouco, ao contato dos bons e por efeito dos cuidados que se lhes dispensam.

O caráter deles se abranda, seus costumes se apuram, as antipatias se esvaem. É desse modo que se opera a fusão das diferentes categorias de Espíritos, como se dá na Terra com as raças e os povos".

8

Aviso premonitório

Os anos passavam, e, com eles, a percepção espiritual expandia-se.

Durante as viagens astrais, eu era levada pelos Benfeitores Espirituais a ver uma vida clara, ativa, superior, de aprendizados, assuntos que eu não conhecia. Atualmente, acredito que isso possivelmente tenha sido determinado por cabedal psíquico armazenado em minha subconsciência, de outras experiências vividas.

Estudei e me formei em Bauru, cidade do interior do Estado de São Paulo. Em seguida, fixei residência em São Paulo, para me aperfeiçoar profissionalmente e trabalhar.

Em janeiro de 1988, com 24 anos, casei-me com o André, e permanecemos em São Paulo. Quase dois anos depois, em dezembro de 1989, nascia a minha primeira filha, Daniele, e, em 1991, a segunda filha, Mariana.

Em 1996, fixamos nossa residência em Bauru.

Em 1998, nascia o meu terceiro filho, Gabriel.

No ano 2000, os desmaios, desprendimentos ou as ausências, ou, ainda, aquele estado de perda temporária do movimento retornaram de forma mais contundente.

Era preciso buscar auxílio para descartar possíveis enfermidades.

Consultei um médico especialista em São Paulo, submeti-me a uma série de exames, os resultados foram normais.

Aquele foi, sobretudo, um ano difícil.

Houve uma ocorrência de real importância, fui avisada para preparar-me, pois algo que me causaria dor aconteceria.

Em determinado dia, a *moça* esclareceu:

— A sua avozinha Abigail passará por fatos naturais na vida de um ser. Ampare-a sem lamentar-se. Ela cumpriu o seu ciclo.

Sem conseguir me controlar, chorei, pois sabia que algo aconteceria com a minha avó. Alguns meses se passaram, e a vó "Biga" passou a sentir-se mal.

Ela, a quem eu tanto venerava, encontrava-se adoecida, diagnosticada com um câncer. Submeteu-se a alguns meses de tratamento, mantendo-se firme e lúcida, até o seu falecimento e desencarne aos 92 anos.

Em seus derradeiros dias, com o enfraquecimento orgânico e as percepções psíquicas mais aguçadas, ainda em sua casa, já vivenciava as duas realidades.

Narrou que a sua mãe e a sua tia estavam ali, alimentando-a, e que permaneciam sentadas ao seu lado em um sofá. Ela, que não podia ouvir falar em Espíritos, estava vendo-os, notando a presença da própria mãe e de uma tia, não obstante, as duas estivessem "mortas".

Desde então, senti muito sua ausência física, entretanto, jamais me esqueci do "aviso" da *moça*, meses antes do início da enfermidade.

Certamente, o aviso premonitório que trouxe uma vaga intuição de acontecimentos futuros foi um sinal de alerta, como uma preparação a um fato inevitável. A sensibilidade de minha avó nos momentos que antecederam o seu desencarne veio corroborar alguns dos fundamentos do Espiritismo por meio de uma pessoa que não teve acesso a tal conhecimento.

A percepção do mundo espiritual testemunhada por ela, por meio da presença de sua mãe e tia, trouxe-me um imenso bálsamo ao coração com a aspiração de que o decurso de seu estado tenha sido natural e sereno.

Muitos e muitos anos mais tarde, desdobrada do corpo espiritual, eu a vi em meu quarto nitidamente, perguntei-lhe:

— Minha avozinha, é a senhora?

Ela confirmou. Estava em paz. Apresentava-se bem mais nova, com todas as suas características, como se estivesse em carne e osso. Disse-me:

— Venho pedir que ajude a conduzir uma situação. A sua tia não poderá continuar só, ela está doente.

— Eu estive com ela, que está bem. A senhora não precisa se preocupar.

— Em breve, você entenderá, minha neta.

Deu-me um afetuoso abraço e se foi. Ela estava bem.

Despertei e sentei-me na cama.

Alguns meses se passaram.

Logo, minha tia passou a apresentar comportamentos inadequados, eu a levei a alguns médicos, até o diagnóstico da doença de Alzheimer, com a recomendação de que ela não poderia mais morar sozinha.

***

No início de 2001, os episódios eclodiram com mais veemência.

Acontecimentos de múltiplas formas descerraram-se.

Eu acordava à noite, reiteradamente, em um certo estado alterado de consciência: estava desperta e presenciando os fatos, lúcida.

Um fato singular passou a acontecer: a *moça,* acompanhada do padre Germano, criava ou me fazia relembrar visões utilizando-se de desdobramentos do corpo astral, como se fossem atilados sonhos, conscientes, fenômenos os quais, posteriormente, eu soube tratar-se de remotas existências.

Habituara-me aos encontros.

Ao regressar dessas experiências, eu trazia comigo as lembranças e as emoções lá experimentadas.

Identificava agora, lá, em outros tempos, pessoas da presente existência, compreendendo intimamente que seria melhor guardar tais revelações que nada adicionariam de salutar à programação espiritual dos envolvidos.

A *moça* continuava a esclarecer-me pacientemente, com suas entonações e vibrações próprias e com a projeção de imagens.

***

Eu e meu esposo estávamos em São Paulo.

Era noite. Corpo paralisado, rigidez muscular, olhos fixos, abertos, sem a capacidade de movê-los, incapacidade de falar, o mesmo tipo de desmaio já experimentado anteriormente, como se fosse um estado de catalepsia.

Súbito, uma lúcida visão.

Um homem de cabelos crespos, vestes comuns, sentado em uma cadeira, sofria muito. Ao notar aquela presença, eu passei a orar em sua intenção, conversando mentalmente para que ele orasse comigo.

Em seguida, detectei um Espírito de salutar presença, sem que eu pudesse identificá-lo, o qual lhe ofereceu a mão e o retirou dali.

Nada mais eu vi, retornei ao meu estado normal.

A prece ajudou a me acalmar.

Felizmente, os episódios mais marcantes costumavam acontecer durante a noite, quando eu já me encontrava recolhida. Dessa feita, porém, o meu esposo percebeu o acontecimento, a rigidez orgânica, e preocupou-se.

Um médico examinou-me, mensurou a minha glicemia, a pressão, enfim, aparentemente estava tudo em ordem. Então, encaminhou-me a um hospital, em São Paulo, e novamente fui submetida a um *check-up* com exames de rotina e específicos do cérebro, nada sendo encontrado.

Esses acontecimentos criaram um clima psicológico de insegurança e angústia na família. Mas, o que fazer? Como me "curar"? Quem poderia me socorrer e ajudar? Os médicos não tinham respostas, e a minha saúde estava perfeita.

Todavia, eu precisava de socorro.

O receio retornava, principalmente porque meus filhos presenciaram alguns episódios caracterizados como um tipo de desmaio.

A essa altura, não dava mais para esperar, eu precisava de auxílio para o conforto familiar.

9

Divisor de águas

Em maio de 2001, convidaram-me a visitar uma casa espírita.

Cheguei ao Centro Espírita Amor e Caridade (CEAC), instituição tradicional e muito respeitável em Bauru, com boa estrutura administrativa e importantes tarefas de natureza social na cidade, além de inúmeros trabalhos doutrinários e mediúnicos. Os fenômenos se produziam com crescente intensidade, e, ao receber o convite, eu não me opus, pelo contrário.

Resoluta, munida de minha considerável "pasta preta" lotada de exames médicos, apresentei-me repleta de esperança pela possibilidade de encontrar um direcionamento que me permitisse ordenar os verdadeiros e complexos enigmas em que eu mergulhara e as ocorrências que me inquietavam e que, nesse período, algumas vezes, me constrangiam.

Fui recebida afetuosamente no Atendimento Fraterno do CEAC, ouvida com atenção pelo presidente da entidade, muito amigo da família de meu esposo.

Expus com franqueza as "esquisitices" com todo o cuidado para não o impressionar. Achei-o extremamente familiar, como se já o conhecesse, senti-me confortável. Expliquei-lhe que, desde minha infância, sucediam-se certos embaraços que, em parte, me deixavam confusa, citei poucas ocorrências, concentrando-me nas frequentes viagens fora do corpo físico, em telas que se formavam em minha mente, onde eu parecia ser personagem em determinado cenário e determinada época, originando-se cenas, movimentos, sons, diálogos, e, que, somente bem mais tarde, foram confirmadas como experiências do passado.

O dirigente espírita, homem experimentado, grande conhecedor dos aspectos técnicos e práticos do Espiritismo e da mediunidade, recebeu as informações com naturalidade, trazendo-me conforto e tranquilidade.

Esclareceu-me sobre uma provável mediunidade, e tal qual outras faculdades humanas, com características pessoais a serem disciplinadas.

Ressaltou que a Doutrina Espírita seria o grande recurso para orientar e disciplinar a prática mediúnica, pois o intercâmbio com os seres invisíveis, quer saibamos ou não, que dividem conosco o ambiente no qual vivemos, constituiu-se no ponto de partida das pesquisas de Allan Kardec, as quais levaram a elaboração do que hoje conhecemos como a Codificação Espírita.

Encaminhou-me ao tratamento de passes e convidou-me a ingressar em um Curso de Orientação Espírita e Mediúnica (COEM) com duração de dois anos, já em andamento, que ele próprio monitorava.

Senti-me segura e com as esperanças renovadas.

Sendo "amparada" por ele e pelo Espiritismo, sem dispensar a colaboração de uma série de companheiros que se tornaram grandes amigos na complexa tarefa de amadurecimento da mediunidade, esse episódio foi um "divisor de águas" em minha vida.

Reordenei as minhas ideias e emoções.

Sabia que o Espiritismo tinha o nome adequado para as "esquisitices".

Allan Kardec nominou: mediunidade – uma faculdade humana.

Finalmente, eu poderia encontrar respostas e, quem sabe, ferramentas para que eu me "curasse com a metodologia correta" e compreendesse as leis do intercâmbio mediúnico, as particularidades do seu funcionamento e pudesse seguir com segurança e mais proveito, evitando tropeços.

O primeiro contato, acolhida com a necessária compreensão e a adequada orientação, fez toda a diferença.

Deixei a casa espírita com a certeza de que alguém estava se dispondo a me ajudar a encontrar respostas, e, quem sabe, proporcionar-me ferramentas teóricas para controlar a faculdade que, aparentemente, estava à minha disposição.

E se, de fato, houvesse um compromisso reencarnatório com a mediunidade, conforme o dirigente expusera, eu teria que descobrir e me preparar adequadamente.

E, assim, eu faria, se fosse o caso.

Ele advertira-me: "mediunidade não é doença, nem indicativo de desajuste mental e emocional, há um período inicial de exercícios e ajustes para que o médium se familiarize com os mecanismos de suas faculdades".

Fato é que aquela pessoa qualificada, competente e experiente me trouxe segurança e direcionamento.

Havia fortes indicativos de que o caminho era o correto.

Naquela oportunidade, eu compreendi que o Espiritismo é uma filosofia, com bases científicas e consequências religiosas.

Aquela parecia ser uma chance do Alto para eu entender e identificar os enigmas e, por fim, clarear os caminhos a serem percorridos.

Em tempo algum, eu jamais perdi a confiança naqueles seres espirituais que se apresentavam e que eu respeitava e já amava profundamente.

***

Nesse dia, ao me recolher, adveio algo inesperado.

Eu vi a *moça* à beira de minha cama.

Pele clara, olhar sereno, cabelos compridos, túnica branca; uma luz azul-violeta dissipando-se de seu peito chamava-me a atenção.

Deixei o corpo físico, acompanhei-a. Passei por um tipo de túnel.

Em um tempo, que me pareceu breve, cheguei a um belo jardim.

Pequenos bancos estendiam-se aqui e ali, em meio a flores e arvoredos, era uma atmosfera bastante confortadora e luminosa.

Havia outras entidades presentes.

Em seguida às saudações amistosas, um senhor com um turbante na cabeça e uma pedra verde na testa, entidade muito querida e humilde, o qual bem mais à frente voltou a se manifestar, em momentos importantes, passou a falar.

Segue um trecho do registro fiel do que parecia ser uma comunicação, ou melhor, o pensamento comum do pequeno grupo presente: "— [...] chegou ao lugar certo, há uma programação a cumprir, o que acontece com você não significa privilégio, mas que há predisposições reservadas no desdobrar de sua essência para testemunhar os fatos do além-túmulo, assim como tantos outros já o fizeram. Prepare-se, observe, estude, medite e confie".

Havia um livro nas mãos do senhor, ele o colocou em minhas mãos.

Tratava-se de *O Livro dos Médiuns*, o melhor e mais completo manual que contempla a teoria e a prática da mediunidade, de modo a encaminhá-la à produção de bons frutos por parte dos médiuns e grupos que se dedicam ao estudo, para nele fundamentar os seus procedimentos.

Depois, tudo se apagou.

Despertei já em minha cama, com um chamado da *moça*, entidade amorosa e doce, com uma sensação de leveza e bem-estar.

Em seguida, registrei o evento em meu caderno de apontamentos com a certeza de que eu deveria adquirir *O Livro dos Médiuns*.

Nessa altura, eu já acreditava que havia um comprometimento com a mediunidade, antes mesmo de reencarnar, e foi graças à *moça,* ao *padre* e à ação de outros Benfeitores Espirituais que eu segui firme e confiante.

Desde então, sempre que eu me sinto vulnerável, com minha própria inferioridade se insurgindo, agitando-me em inseguranças, vacilações da fé, sinto-os presentes, despertando-me de minha insensatez, sentindo-me mais forte.

Igualmente, foi de suma importância como eu fui bem recebida na casa espírita.

Poucos dias se passaram, houve outro episódio similar.

Vi descer uma luz, como se formasse um trajeto luminoso.

Não sei se eu fui para junto da *moça* ou se ela veio para junto de mim.

Ela pareceu responder-me, talvez mentalmente, algumas indagações íntimas. Mostrou-me algumas cenas e imagens.

Encerrei o pensamento decidida a saber o nome dela, mas ela não me disse. Eu entendi que deveria respeitar seu anonimato, continuei a chamando de *moça.*

Convicta da veracidade do evento, eu o registrei.

Com o transcorrer do tempo e a repetição de acontecimentos, desenvolvia-se certa familiaridade entre mim e ela.

A partir das orientações do dirigente amigo, eu passei a comparecer às palestras públicas, iniciei o tratamento com passes e o referido curso.

Naquela mesma semana, como se ele fosse inspirado, antes que eu adquirisse um exemplar, presenteou-me com *O Livro dos Médiuns.*

Senti-me estimulada e passei a ler e estudar aquela obra fundamental, indispensável para a boa prática e vivência da mediunidade.

Gradualmente, eu compreendia o sentido e o alcance das lições com relação ao desenvolvimento e à educação mediúnica, sem dúvida havia a necessidade de estudar a própria faculdade, aprofundar-me psiquicamente na captação dos pensamentos, das emoções e sensações dos Espíritos comunicantes.

Aquele mundo novo que se abria aos meus olhos parecia nem ser tão novo.

A partir daí, eu despertei. Tudo fez sentido!

As ideias eram coerentes, simples e racionais.

Lições se desenhavam...

Com sua habitual afetuosidade e autoridade moral, a *moça* me induzia a cercar-me do bom senso, da reflexão, da ponderação, da meditação, como disciplinas mentais, produzindo o silêncio íntimo, que possibilita uma sintonia equilibrada e, sobretudo, a prece, que produz a harmonia e eleva a vibração, propiciando a condição psíquica desejável para a sintonia com a Espiritualidade Benfeitora.

A prece, segundo os Benfeitores Espirituais, é o idioma universal dos Espíritos, é sempre a melhor defesa contra as entidades inferiores da dimensão invisível.

Assim sendo, o livro adotado no primeiro ano do COEM — *O Livro dos Espíritos* — foi absorvido, efetuando sua leitura repetidas vezes. Era um conforto nas horas de dificuldades.

Identifiquei-me com o ambiente privado, a afinidade entre os diversos membros da casa espírita, os padrões de disciplina adotados no grupo restrito do curso.

Aos poucos, outras pessoas experientes aproximaram-se, ampliando a minha oportunidade de aprendizado.

***

No mês de junho, em São Paulo, eu passei por um novo episódio de "desmaio". Levaram-me ao hospital, submeti-me a alguns exames, os resultados foram normais.

Um médico neurologista solicitou mais exames investigativos do cérebro — eletroencefalograma, ressonância magnética, tomografia computadorizada, curva glicêmica, insulina e outros —, cujos resultados foram normais.

Entre julho e agosto, o "estado" voltou a ocorrer duas vezes, de forma similar. A mediunidade operava por desdobramento — eu me via fora do corpo físico; o manifestante aproximava-se, entretanto, algumas vezes, eu interrompia a manifestação.

Mais frequentemente, passei a desfrutar do convívio da *moça*, do *padre* e de outros seres desconhecidos para mim.

Volta e meia, levavam-me a uma sala com paredes brancas, sem quadros, sentávamos a uma mesa, havia livros e uma tela na parede.

Certa ocasião, eu notei um aparelho desconhecido, todavia, já experimentado por mim. Pediram para eu me sentar e colocaram algo em minha cabeça.

Ao retornar, a *moça* aproximou-se e afirmou que, por ora, não havia enfermidade física, mas uma faculdade que, como qualquer outra faculdade mediúnica incipiente ou incompreendida, poderia tornar-se prejudicial. Disse, também, que eu não me preocupasse, que confiasse nela, pois estava bem orientada e no caminho de transformar os acontecimentos naturais em algo edificante. Que os episódios estavam sendo dirigidos, e, uma vez que eu os compreendesse, iriam se transformar em faculdades preciosas.

A partir daí, definitivamente, eu confiei que não havia enfermidade e sim uma faculdade a ser adestrada.

10

Os relógios

A vida seguia seu curso.

O relógio da cozinha de minha casa e qualquer relógio que eu colocasse em meu pulso passaram a atrasar e, posteriormente, a não funcionarem.

Ao entender que não eram simples casualidades, comecei a observar melhor, troquei de relógio várias vezes. E nada!

Com as demais pessoas, os relógios de pulso funcionavam perfeitamente, mas, quando colocados no meu punho, voltavam a apresentar problemas e paravam. Colocava-os em outro lugar, e eles voltavam a funcionar.

O mesmo acontecia com um relógio de parede da cozinha de minha casa.

Ao entender que talvez eu fosse a causadora do "desequilíbrio" dos relógios, desisti de usá-los e não dei mais importância às ocorrências.

Entre as inesgotáveis perguntas, eu, pretensiosamente, questionei o dirigente amigo. Qual a razão daqueles acontecimentos? Afinal, eu já não estava frequentando as palestras? Imediatamente, ao ser orientada, não iniciara o tratamento com passes? Prontamente não fora ao encontro do estudo doutrinário?

Foi aí que ele abriu *O Evangelho segundo o Espiritismo* e abordou igualmente trechos de *O Livro dos Médiuns*, ocasião em que eu recebi uma verdadeira aula.

Disse-me que havia um conjunto de manifestações nítidas requerendo certa responsabilidade, pois Espíritos de todas as condições costumam se aproximar, forçando o médium a adotar posturas vigilantes, principalmente com relação ao próprio pensamento. Que o Espiritismo conserva e difunde vastamente algumas categorias de socorro espiritual, nas quais a energia de pessoas é utilizada em benefício de outras. Aconselhou-me a estudar e a adotar o Evangelho, pois eu poderia me beneficiar e ao próximo ao utilizar e direcionar beneficamente alguns recursos de que dispunha, bem como qualquer pessoa de boa vontade poderia fazê-lo. Citou Jesus, que Ele havia aplicado o magnetismo em várias passagens. Que Ele fora capaz de fazer cegos enxergarem, mudos falarem, paralíticos andarem, surdos ouvirem. Chegou até a *ressuscitar* mortos com seus poderes curadores. Relembrou que o Mestre Divino dissera que tudo o que fazia, seus seguidores poderiam fazer. Enfatizou, ainda, que o passe espírita revivia a prática de beneficiar pessoas com a aplicação do magnetismo e que, não obstante muito longe da eficiência de Jesus e dos apóstolos, os resultados do passe demonstravam o quanto era uma prática bem-sucedida. Que eu aguardasse, pois, após o tratamento com passes e algumas aulas sobre o assunto, no segundo ano do Curso de Orientação Espírita e Mediúnica (COEM), ele me encaminharia para que eu me integrasse à equipe, como passista, para canalizar e utilizar as próprias energias beneficamente.

Dessa forma, eu fui mergulhando no conhecimento, ciente de que a energia contida precisava ser ajustada e posta a serviço do próximo.

Cabia a mim uma rigorosa análise íntima, para identificar em que aspectos de conduta eu carecia de me modificar e que possíveis virtudes deveriam ser revigoradas.

Por meio do estudo, pude notar que a faculdade ostensiva não significa que o indivíduo, essencialmente, é um ser evoluído intelectualmente e moralmente, porém, alguém que, por determinação superior, auferiu um importante instrumento de serviço ao próximo e ao próprio aperfeiçoamento, para consolidar compromissos assumidos na programação reencarnatória.

Nesse tempo, o exemplo de conduta de minha mãe teve importância fundamental em minha vida. Não obstante toda a nossa família fosse católica, ela e o meu irmão aderiram ao Espiritismo, apoiando-me em minhas necessidades.

11

Ubiratan

Em agosto de 2001, eu e meu esposo viajamos a São Paulo com o meu filho, Gabriel, (3 anos de idade), que apresentava sangue nas fezes e palidez. Então, agendamos uma consulta médica.

Já em São Paulo, acordei no meio da noite com uma perda temporária da sensibilidade e do movimento do corpo físico.

Logo, eu vi um Espírito com as características de um índio.

Mostrou-me uma placa com reflexos luminosos azuis, em letras de forma maiúsculas, escrito UBIRATAN, identificando-se.

Em seguida, eu notei outra placa, com as mesmas características, com a palavra ENDOSCOPIA.

Permaneci sem o movimento do corpo. Ao voltar, contei o que houve ao meu esposo.

O episódio referia-se ao nosso filho.

No dia seguinte, o dirigente amigo entrou em contato conosco para obter notícias, e o meu esposo lhe contou o episódio.

Permanecemos ainda seis dias em São Paulo.

O Gabriel estava com anemia em função de uma hemorragia, e teríamos que aguardar os resultados dos demais exames para o diagnóstico.

Conforme saíam os resultados, algumas suspeitas eram eliminadas.

Influenciada pelo acontecimento espiritual, perguntei ao médico se não seria conveniente consultar um gastropediatra, ele solicitou que aguardássemos.

Retornamos na sexta-feira a Bauru, sem ainda um diagnóstico seguro.

No sábado, pela manhã, um médium de cura de Campinas,

coincidentemente, faria atendimento espiritual às crianças em nossa casa espírita.

Era sexta-feira. Ao entardecer, o dirigente amigo esteve em nossa casa, deu um passe em meu filho e orientou que o levássemos ao atendimento de passes às crianças logo na manhã seguinte.

Esclareceu que o tratamento se restringia à assistência espiritual, realizado tão somente com a imposição de mãos, que o médium atuava fornecendo fluidos, boa disposição, muito amor e que a ação espiritual era realizada por Benfeitores Espirituais de elevadas vibrações que o acompanhavam.

No dia seguinte, munidos pela fé, eu e meu esposo nos dirigimos à instituição com o nosso filho. Durante o passe, o Gabriel adormeceu por cerca de dois minutos no ombro do médium, o qual, na sequência, esclareceu: "Seu filho recebeu um atendimento no esôfago e no estômago"; e recomendou que, naquele dia, ele repousasse.

Decorridos dois dias, retornamos a São Paulo.

Buscamos um especialista que o internou em um hospital com a finalidade de realizar uma endoscopia. Em função da idade, foi utilizada uma anestesia geral.

Ao término do exame, os dois médicos vieram ao nosso encontro nos elucidar. Havia a formação de uma hérnia de hiato que, por meio de refluxo, provocara uma esofagite, ocorrendo, em função disso, a hemorragia.

Estavam perplexos pela ferida ter cicatrizado tão rapidamente sem medicação. Um deles disse-nos: "—Vocês acreditam em Deus? Pois bem, foi obra Dele".

Por fim, o Gabriel faria o tratamento, pois a hérnia de hiato e a anemia acentuada se instalaram, contudo, o quadro agudo fora tratado pela ação de Deus, por meio do médium de cura.

A hemorragia que causara a anemia aguda cessara, desde então.

Nos anos consequentes, e por muitos anos, eu tive o privilégio de trabalhar como passista de apoio nos atendimentos que esse médium de cura realizava no CEAC, anualmente.

No início dos trabalhos, notava-se uma cena espiritual: uma mesa de escritório localizada bem ao alto no canto direito de quem entra na sala, o teto se expandia para além da sala física. Um Benfeitor Espiritual, senhor de barbas brancas com características de um médico, permanecia sentado à mesa, com papéis empilhados, como se organizasse ou dirigisse o trabalho. Pela extensão do recinto físico, onde se dispunham as cadeiras em que se sentavam os atendidos, Espíritos instrutores com túnicas claras andavam pelos corredores. Havia um misto de trabalhadores espirituais da equipe do médium de cura que o acompanhavam e de trabalhadores espirituais de nossa própria casa espírita.

Excessivamente crítica comigo mesma, analisei as visões acima citadas com precaução. Ao consultar outra médium, Marta Teixeira, que também era vidente, e, que, por sinal, tornou-se uma grande e querida amiga, verifiquei que as mesmas vidências foram identificadas pelas duas, como se houvesse um propósito estabelecido. Trabalhávamos sempre no mesmo dia e turno.

Gradualmente, eu fui percebendo que deveria ter certa dose de confiança em mim mesma. Nem a confiança demasiada, nem a autocrítica que pudesse comprometer. Sentia-me privilegiada em ter a orientação e o apoio do dirigente amigo dotado do conhecimento e experimentado na prática dos fenômenos.

O desfecho com o meu filho Gabriel mexera demasiadamente comigo.

Graças a Deus, tínhamos recursos para procurar o que de melhor havia em medicina, todavia, aquele momento trouxe-me largas reflexões e lições.

Uma das mediunidades estudadas pelo *O Livro dos Médiuns* é a Mediunidade de Cura, ou seja, a faculdade capaz de curar encarnados.

Os médiuns curadores utilizam-se da ação do magnetismo

para assim poder realizar algum tipo de melhora física às pessoas encarnadas.

Essa mediunidade é, portanto, um tipo de faculdade mediúnica em que o médium entra em contato com os Benfeitores Espirituais que, por sua vez, ampliam a força magnética. Há, conforme *O Livro dos Médiuns*, algo na atuação dos Espíritos que influi diretamente na atuação mediúnica — a vontade divina.

Sob uma programação reencarnatória, cada encarnado vivenciará o que a ele é mais de acordo para sua evolução.

As doenças podem ser importantes veículos que impulsionam nossa evolução, e, no caso citado, eu entendo que o acontecimento contribuiu para que minha crença aumentasse, ainda que eu permanecesse com os "pés no chão", com critério para examinar os eventos com frieza, mantendo-me firme na área do conhecimento e da ciência. Passei a estudar a mediunidade de cura e a efetividade da ação magnética, que atualmente já pode ser tratada cientificamente com mais desembaraço graças ao avanço das ciências nos últimos anos.

Não obstante o resultado eficiente e a fé, prosseguimos com o tratamento da medicina tradicional, como o próprio Allan Kardec nos aconselhou; marcharmos alinhados com a ciência.

No Espiritismo, mediunidade curadora é a faculdade que o homem tem de curar ou aliviar as dores pela simples imposição das mãos ou pela prece, assim define Allan Kardec em *O Livro dos Médiuns*.

Todavia, os Espíritos acrescentam: "Esta faculdade não é essencialmente mediúnica; possuem-na todos os verdadeiros crentes, sejam médiuns ou não. As mais das vezes, é apenas uma exaltação do poder magnético, fortalecido, se necessário, pelo concurso de bons Espíritos" (Allan Kardec, 1861, item 189). A faculdade curadora, portanto, pertence a todos aqueles que acreditam na capacidade de curar e que possuem o poder magnético que, muitas vezes, é fortalecido e ampliado pelos bons Espíritos; e, como enfatizado pelos Espíritos, não é necessário ser médium, ou seja, a ação magnética precede a mediunidade.

No item 175, de *O Livro dos Médiuns* (1861), Allan Kardec aprofunda essas indagações buscando alcançar se o médium de cura é tão somente um intermediário dos Espíritos, ou seja, se não há qualquer participação ativa de sua parte no processo da cura, uma vez que ele não utiliza de passes ou toques magnéticos.

No item 5º, Kardec pergunta aos Espíritos: "Há pessoas que verdadeiramente possuem o dom de curar pelo simples contato, sem o emprego dos passes magnéticos?" Resposta: "Certamente; não tens disso múltiplos exemplos?".

No item 6º, Kardec faz a seguinte indagação: "Nesse caso, há também ação magnética, ou apenas influência dos Espíritos?" Resposta: "Uma e outra coisa. Essas pessoas são verdadeiros médiuns, pois que atuam sob a influência dos Espíritos; isso, porém, não quer dizer que sejam quais médiuns curadores, conforme entendes" (Allan Kardec, 1861, item 176).

Kardec, antes de estudar os fenômenos espíritas, estudou e praticou o magnetismo por 35 anos e compreendia os efeitos que o poder magnético pode acarretar. Logo, quando os Espíritos respondem que existem "Uma e outra coisa", entende-se que há ação magnética e influência dos Espíritos. E, para esclarecer mais ainda essa afirmação, os Espíritos ressaltam "não quer dizer que sejam quais médiuns curadores, conforme entendes".

Para que os médiuns curadores possam atuar, como no referido caso acima, é necessário que possuam uma aptidão orgânica, uma força magnética e, dessa forma, serem utilizados pelos Espíritos.

Já na condição de magnetizadores ou passistas espíritas, devemos contar com os bons Espíritos, principalmente os nossos Benfeitores e Guias Espirituais, para auxiliar nos tratamentos de magnetismo, porquanto, seremos amparados e nossas forças magnéticas serão multiplicadas conforme nossa força de vontade e nosso desejo do bem.

Compreende-se que há diferentes aspectos entre o médium curador e o magnetizador. Todos os magnetizadores são mais ou menos aptos a curar, desde que saibam conduzir-se favoravelmente; ao passo que, nos médiuns curadores, a faculdade é espontânea e alguns até a possuem sem jamais terem ouvido falar de magnetismo.

No caso do médium curador, a faculdade sendo espontânea, muitas vezes, é desconhecida pelo próprio médium ou, por vezes, quando este sabe, não quer possuí-la. Assim sendo, o médium não tem escolha se quer ou não ter essa aptidão, e é isso que caracteriza a mediunidade natural.

No caso do magnetizador, ou seja, do passista, denominação dada mais habitualmente em centros espíritas, a faculdade é desenvolvida conforme a sua vontade, a sua força magnética pessoal, os seus estudos e os procedimentos utilizados na Ciência Magnética, de maneira ordenada e satisfatória.

Outro aspecto que se distingue é quanto à origem dos fluidos que são emitidos. O médium curador magnetiza com o fluido depurado dos Espíritos, e o magnetizador com o seu próprio fluido.

Outra diferença essencial entre o médium curador e o magnetizador é a qualidade desses fluidos. Os médiuns curadores são condutores dos fluidos dos bons Espíritos, os fluidos que transmitem são mais purificados, saudáveis, produzindo uma atuação salutar mais imediata, muitas vezes, até instantânea; quanto aos magnetizadores comuns, variam de acordo com a qualidade de seu perispírito e sua moral, produzindo, assim, uma ação curativa mais lenta, inexistente ou até mesmo nociva.

A mediunidade curadora é rara na Terra, porém, nós, enquanto magnetizadores que atuamos como passistas nas casas espíritas, podemos nos esforçar ao máximo para obter os atributos físicos e morais necessários para alcançar o concurso dos bons Espíritos. Atributos estes possíveis por meio da prece e de esforços diários, para transformar as nossas atitudes, os nossos pensamentos e a sintonia com a Espiritualidade Superior, pois, sabendo de nossas dificuldades, os bons espíritos irão auxiliar-nos, se formos sinceros e humildes de coração.

Daí o reforço da Espiritualidade Benfeitora sobre o nosso empenho na reforma íntima, para que, sintonizados, possa haver o concurso benéfico dos Benfeitores Espirituais e sermos melhores instrumentos do Alto.

É desta forma que os passistas espíritas devem atuar: conhecendo os conceitos, a influência dos Espíritos no magnetismo, as faculdades da alma, o poder da prece como magnetização mental, a cura das obsessões com o auxílio do magnetismo e outros.

Mais à frente, passei a trabalhar como passista na casa espírita.

Há pessoas que oferecem extraordinária receptividade aos fluidos magnéticos, são aquelas que possuem fé inabalável e sincera, recolhimento e respeito diante do serviço, que a seu e a favor de outrem se realiza. É aquela que, enquanto recebe o passe, ora em silêncio, a fim de que sua organização psíquico-física incorpore e assimile, integralmente, as energias projetadas pelo passista.

Geralmente, o descrente torna-se refratário à recepção do passe.

As lições e os aprendizados foram sendo preciosos.

Seja pela gravidade dos desafios enfrentados, pela complexidade das situações ou pelas bênçãos auferidas, a modalidade desse serviço espiritual de fé ascendeu às portas de minha mente e do meu coração para agregar as forças curativas provenientes sempre de Deus, abrindo-me a novos entendimentos, a novas posturas e à confiança na Providência Divina.

12

Do lado de cá ou do lado de lá

A partir de novembro de 2001, a visão, a audiência, os desdobramentos e "sonhos" tornaram-se relativamente frequentes.

O estado de cansaço e a sonolência predispunham o físico à libertação temporária do corpo material, incidindo um tipo de relaxamento.

Intuída, eu me dirigia à cama, em meu quarto, em recolhimento, como que regida pela atuação firme da vontade.

Súbito, certa noite, já recolhida, notei que o meu perispírito se desprendera do corpo físico, o quarto e os objetos como que se apagaram, e três Espíritos surgiram, reais e palpáveis. Do teto, baixava e se espalhava uma luminosidade suave, e, por períodos de tempo, desciam raios azul-violeta como que se apontados em minha direção. Três Espíritos trocavam amistosamente ideias sobre tarefas a realizar, e, sem saber ao certo se eu me encontrava na dimensão física ou em esferas espirituais, um deles, um ancião médico de cabelos brancos brilhantes, solicitou que eu desenhasse algo. Posteriormente, eu reproduzi o desenho, não correspondendo à visão sublime que eu pude alcançar.

Por fim, solicitaram que eu registrasse o quanto havia visto. E, assim, eu o fiz.

Dois dias depois, nova experiência.

Promoveram que eu me sentasse e escrevesse.

Atrás do meu corpo material, encontrava-se a *moça* com uma das mãos em minha cabeça, e a outra acima de minha mão esquerda.

Nessa mesma semana, em novo ensaio, despertei em um local desconhecido.

Local arrebatador, um conjunto de casas espalhava-se dentro de um bosque coberto por suave luz, cortado por passagens e clareiras reconfortantes atapetadas de grama, houve um contato com um Espírito desencarnado, desconhecido, entendendo-me com ele pelo pensamento, sem a articulação de palavras.

Dessa feita, o despertamento foi espontâneo e mantive a consciência sem lapso ou perda da continuidade o tempo todo, do princípio ao fim; do início do desprendimento ao retorno ao corpo físico e o despertar.

Registrei o processo.

De outras vezes, minha consciência, ou minha mente, ou meu perispírito, ou ainda meu corpo mental seguia por um canal iluminado como se fosse um túnel, defrontando-me com alguma paragem em que eu deveria atravessar. Quase sempre, o *padre,* que se identificara como Germano, apresentava-se ao lado da *moça*.

Similares experiências passaram a se repetir sucessivamente.

Com a consciência desperta, entrávamos pela porta da entidade material CEAC, seguíamos para um tipo de construção na dimensão espiritual, conectada ao prédio material. Percorríamos um caminho com árvores espalhadas e flores que levava a um portal. Deparávamos com um prédio com instalações, jardins, fonte de água, salas com paredes brancas, salas equipadas com aparelhagens, ampla arquibancada e algo próximo a alas de um hospital com camas e enfermarias, adotando-se formas analógicas para explicar fatos e coisas que talvez não possam ser ilustradas legitimamente por minha percepção limitada. Em uma sala, eu recebia tratamentos de Benfeitores Espirituais, com a presença de algumas entidades que pareciam ser médicos liderados por um em especial. Sentava-me em uma cadeira cercada por Espíritos de túnicas claras, provavelmente sendo tratada fluidicamente para atingir uma maior condição de lucidez espiritual.

Sem conhecer a razão do fenômeno, o fato repetia-se.

O ambiente era sólido, com recursos e instalações; sentia-me "em casa".

Jamais eu vi com temeridade ou reserva tudo isso.

Na época, eu não soube concluir se poderia ser uma construção dos Espíritos, porque na dimensão espiritual nós podemos construir a partir do Fluido Cósmico Universal (FCU), segundo as obras básicas.

Posteriormente, isso me foi confirmado, descrito singularmente através da psicografia na obra *Janelas do Infinito*, publicada pela Editora CEAC em 2019, pelo Espírito Liz. O fato é que eu passei a ter uma lucidez maior fora do corpo físico, assimilando melhor as ideias.

Em um pátio com arquibancada, por vezes, reuniam-se dezenas de participantes, também libertos do sono físico; de outras vezes, eu me via sendo atendida ou recebendo instruções, individualmente ou com recursos de ferramentas para a exposição visual, qual se fosse um filme em uma tela de cinema não tão grande.

Certa vez, surgiu uma clara iluminação no ambiente, com uma sensação indescritível de imaterialidade e leveza.

Notei a companhia de cinco entidades conduzindo-me.

Cheguei a uma sala que parecia ser a mesma de sempre.

A *moça* solicitou que eu me sentasse para intensificar aprendizados.

Em seguida, eu notei uma pilha de livros em cima de uma mesa.

Ela sorriu, serena. Esclareceu que aquelas construções haviam sido moldadas de acordo com o pensamento e a vontade dos habitantes, produto de suas mentes, tratando-se da esfera fluídica do local, sendo uma questão vibratória conservar ou não a paragem.

Foi quando uma imagem se formou em uma tela demonstrando a conexão entre o CEAC material e o CEAC espiritual, elucidando precisamente aquilo que eu notara anteriormente, mas que me reconhecia em dúvida.

Ao retornar ao corpo físico, sempre sob a assistência da

moça, o *padre* espiritual acariciou-me paternalmente a cabeça, induzindo-me a despertar daquele estado. Ele disse sereno: "— Escreva".

Em uma primeira oportunidade, eu conversei com o dirigente amigo, contei-lhe sobre as minhas preocupações em ser fiel à doutrina, e, sobretudo, vigilante.

Narrei algumas ocorrências. Ele orientou que eu continuasse a registrar, que os eventos deveriam ser um treino de entrada e saída do corpo físico, de variadas formas, para disciplinar o pensamento, a emoção, o organismo, para me tornar um instrumento útil e lúcido, futuramente.

***

Não obstante os estudos demonstrassem que a mediunidade é uma faculdade natural, patrimônio do Espírito, uma ampliação dos sentidos habituais para ser utilizada como instrumento de serviço e, possivelmente, uma concessão para acelerar o próprio processo evolutivo em serviço ao próximo, havia evidências claras sobre a necessidade do conhecimento para compreender os mecanismos da mediunidade, a renovação moral e mental, e, sobretudo, a confiança.

Foi aí que, finalmente, confidenciei ao dirigente amigo algumas experiências diversas e mostrei-lhe os escritos.

Desde então, ele passou a ser para mim um segundo pai, um guia espiritual encarnado, tornando-se um amigo querido, não somente orientando-me no campo do estudo e da prática da Doutrina Espírita, todavia, especialmente, socorrendo-me e elucidando-me a cada novo desafio mediúnico que surgia.

Além de mergulhar nos livros, após as aulas semanais de estudo do Curso de Orientação Espírita e Mediúnica (COEM), ele passou a me proporcionar largos ensinamentos acerca da mediunidade. Ressaltou o quão seria importante a compreensão de que os fenômenos psíquicos têm como agente o Espírito, ser humano sensível e inteligente, considerados naturais na Doutrina Espírita, teoricamente classificados em duas categorias: os fenômenos mediúnicos e os fenômenos anímicos, absolutamente diferentes um do outro.

Na primeira categoria, os fenômenos são intermediados pelos médiuns: "médium é toda pessoa que sente, num grau qualquer, a influência dos Espíritos. Essa faculdade é inerente ao homem e, por conseguinte, não constitui um privilégio exclusivo [...]" (*O Livro dos Médiuns,* Allan Kardec – capítulo XIV, item 159). Mediunidade é a faculdade psíquica que os médiuns possuem, manifestada de forma mais ou menos intensa, e por meio de um grande número expressivo de tipos (videntes, audientes, psicógrafos, de cura e outros); com interferência de Espíritos desencarnados.

Na segunda categoria, os fenômenos anímicos, ou, mais propriamente, de emancipação da alma, sem a interferência de entidades desencarnadas, são produzidos pelo próprio Espírito encarnado, que, nessa circunstância, não age como intermediário ou intérprete do pensamento dos Espíritos, ainda que possa haver a participação de seres desencarnados.

Ressalta ainda que o fenômeno mediúnico não acontecia sem o componente anímico, que é da essência do processo, o que eu iria compreender mais à frente.

Além disso, nessa época, passei a registrar não somente os fenômenos espirituais ocorridos, mas, igualmente, os sábios esclarecimentos que eu recebia dele, relacionando os fenômenos com o conhecimento espírita.

Às quintas-feiras, após o curso de Espiritismo e Mediunidade, ele conferia os meus registros, elucidava-me, fortalecendo-me.

Foi nesse tempo que eu comecei a me interessar pelo Espiritismo/Ciência.

13

Desdobramentos conscientes

No início do ano 2002, os fenômenos de desdobramento tornaram-se mais reiterados. Em certas ocasiões, ao me deitar, sentia movimentações como se "algo fosse sair de mim" e a percepção de que as coisas ao meu redor, igualmente, se movimentavam. A maioria das ocorrências se dava em plena consciência, acordada; em outras vezes, aconteciam durante o sono, com características de "sonhos despertos".

Incapaz de compreender integralmente os princípios que sustentavam as experiências, eu era levada em desdobramento do corpo físico a visitar pessoas encarnadas ou desencarnadas; acessar lugares, conhecidos ou não; e, volta e meia, seguia para a instituição CEAC na dimensão espiritual, conduzida a estudos e palestras espirituais, além de receber instruções.

Por vezes, seguia sem perceber nitidamente o desfecho.

Observava a *moça* presente conduzindo o processo, conscientizando-me de que eu era um Espírito dotado de um corpo sutil habitando o corpo físico, trazendo-me ao corpo físico de volta, e, repetidamente, eu a via ao meu lado ao despertar.

Em janeiro de 2002, já em repouso em meu quarto, coloquei um CD de relaxamento, quando senti o "estado alterado", vi-me deixando o próprio corpo na cama, como se eu estivesse dividida, para, então, ato contínuo, a minha consciência seguir. Desci as escadas de minha casa como se estivesse sonhando acordada, flutuando, livre. Ao chegar ao térreo, o cenário era outro, não sendo mais a minha casa, volitava[2] por um caminho margeado por imensas árvores, flores e água corrente, com um tipo de gás ou neblina

2 Sinônimo de: esvoaçar, pairar, planar, voar, voejar.

na atmosfera, cuja finalidade se manteve velada ao meu entendimento, pois, a partir de certo momento, eu não mais acompanhei conscientemente os acontecimentos.

No regresso do *passeio*, já desperta, meio imobilizada ainda, vi a *moça* auxiliando-me na operação de retorno ao corpo, imprimindo serenidade e proteção ao processo.

Ela sorriu, como se presidisse o acontecimento.

Disse-me, não de forma falada, mas de maneira inteligível e pelo pensamento, que eu aguardasse, pois eu receberia instruções em breve.

De início, eu notava a saída, a excursão em si e o retorno.

Posteriormente, em certas circunstâncias, somente a saída ou o regresso; de outras vezes, somente os passeios; e, atualmente, recordo-me exclusivamente das atividades desenvolvidas. Parecia haver uma finalidade naqueles exercícios de me "desencaixar de mim mesma e seguir com liberdade".

Esta faculdade na Doutrina Espírita é denominada desdobramento.

O desdobramento é um fenômeno anímico, ou seja, produzido pelo próprio Espírito encarnado. A experiência pode, porém, tornar-se, ao mesmo tempo, mediúnica, quando houver a manifestação de Espíritos desencarnados, como nos episódios citados, com a presença da *moça* e de outras entidades como que se me induzissem pelo magnetismo ou pela hipnose. Distendia-se, portanto, um fenômeno anímico conjugado com o mediúnico, logo, um fenômeno misto, resultado de uma ação ajustada entre os dois Espíritos: eu, encarnada, e ela, desencarnada.

No transcorrer do processo, a consciência assume gradativamente atitudes distintas. No início, está no corpo físico, observando as movimentações orgânicas e externas. Em seguida, acontece como se houvesse uma divisão da consciência, notando-se tanto o corpo físico na cama como o corpo espiritual ou perispírito. Finalmente, a consciência se transfere toda para o corpo espiritual, que começa a se mover em um destino dessemelhante ao anterior.

Inicialmente, ao perceber que o processo se daria, afligia-me, sem entender o que se passava. Gradualmente, fui observando que não corria perigo e somente me afastava do corpo físico em repouso para, posteriormente, retornar.

Sem oferecer resistência ao processo, sem receio de algum dano, as impressões incertas do início desapareceram; e as experiências passaram a ser mais tranquilas, proporcionando-me preciosas oportunidades de aprendizados e observações.

***

Passados alguns meses, eu agendei uma consulta com uma terapeuta em São Paulo. No momento, eu senti vontade de desmarcar a consulta, todavia, dirigi-me para São Paulo e fui ao consultório.

Ocorreu algo especial.

Logo ao chegar, vi a *moça* postar-se ao meu lado.

Notei, também, na antessala, alguns seres espirituais em situações deprimentes, cobertos de farrapos, vestes sujas empapadas de lama, a tal ponto chegava o lamentável estado que uns se isolavam dos outros, incapazes de reagirem. Dentre os presentes, havia um com um saco escuro enfiado na cabeça, como se se escondesse de si mesmo.

Duas entidades traziam uma capa escura nas costas.

A *moça* espiritual orientou-me de que não seria útil aderir ao tratamento que seria proposto pela profissional, pois não convinha para o meu caso.

Elucidou que no tempo certo eu poderia cooperar com entidades presas a recordações do passado, alimentadas por angustiantes remorsos, como aquelas que transitavam por ali, a serem preparadas para processos reencarnatórios na Terra, em reequilíbrio, rumo à ascensão para um estado melhor, segundo as leis divinas.

Nesse instante, eu tive o ímpeto de deixar a sala de espera, levantei-me da poltrona, contudo, fui chamada pela profissional. Entrei na sala, constrangida, sendo acolhida com muito carinho e muita compreensão.

Ao comentar sobre algumas visões e as "fugidas do corpo", a profissional concluiu que poderia auxiliar-me, porém, levantei-me, pedi-lhe desculpas, justificando não estar preparada, percebi o seu desapontamento em decorrência da minha postura, agradeci-lhe, paguei a consulta e deixei o consultório.

Muitas coisas ainda continuavam sem explicação, mas eu precisava confiar na orientação da *moça* de "que as respostas chegariam até mim, naturalmente".

E eu confiei. Posteriormente, eu fui informada que no meu caso específico não seria conveniente a regressão de memória, pois a presença daqueles Espíritos fora permitida sob a direção da Espiritualidade, para a minha advertência e compreensão do quanto o corpo semimaterial é impressionável e sutil, ou seja, do quanto o perispírito registra e imprime em sua essência as ações desarmoniosas vivenciadas e niveladas às próprias inconsequências vividas.

A *moça* advertiu, ainda, que as explicações da ciência e as elucidações da filosofia não eram tão importantes quanto o Evangelho, para a minha atividade mediúnica.

No exercício dessas atividades, pude apreender que o médium e os demais elementos não trabalham somente durante as reuniões mediúnicas semanais, requerendo um estado de vigilância constante para se protegerem e, ainda, não se deixarem envolver em situações prejudiciais à própria programação espiritual.

Além disso, é necessário sempre estarem prontos para o chamamento dos Benfeitores Espirituais ao trabalho de socorro, consolo ou acalmar uma circunstância.

Durante as horas de desprendimento, o médium poderá ser

transportado em perispírito às regiões inferiores na dimensão invisível, nas quais ele não se espanta ou se perturba, para serviços de esclarecimentos a entidades endurecidas ou sofredoras, para levar o socorro, o conselho, o consolo e a esperança.

Daí a razão pela qual deve ser vigilante igualmente com as leituras que faz, cultivar os estudos doutrinários, evangélicos e a prece.

Expostas as experiências, um sentimento novo surgia, como se as aflições e angústias ficassem no corpo físico retido na cama e a consciência seguisse livre portando a confiança, a serenidade e a alegria.

Expandia-se a compreensão de que todos somos companheiros desta longa jornada evolutiva regeneradora, Espíritos encarnados ou desencarnados, cada qual carregando os vários graus das próprias imperfeições e dificuldades.

14
Sublimes lições

Em fevereiro de 2002 iniciaram-se as aulas do segundo ano do COEM.

A disciplina girava em torno de *O Livro dos Médiuns*, estudo indispensável a todos os que desejam devotar-se com seriedade ao apropriado desenvolvimento e emprego de suas faculdades, para entrar em contato com o mundo dos Espíritos.

Inicialmente, em uma aula, o dirigente amigo elucidara: "— A obra se destina a todas as pessoas em geral, pois, conforme o próprio Kardec revela, todos somos médiuns, sensíveis à influência dos Espíritos, embora nem todos apresentem suficiente sensibilidade para atuar como instrumentos dos Espíritos".

Segundo Allan Kardec, as pessoas devem aprender a lidar com a mediunidade, em favor de seu equilíbrio e bem-estar. Para tanto, é fundamental oferecer aos interessados subsídios para um intercâmbio com o Além, uma orientação que permita a formação de grupos interessados em entrar em contato com os Espíritos de forma equilibrada e produtiva, com a utilização de indivíduos dotados de sensibilidade psíquica que os habilite a serem intermediários.

Kardec ainda pontua sobre os variados tipos de mediunidade, sendo os mais conhecidos: médiuns psicofônicos (transmitem o pensamento dos Espíritos pela palavra articulada), médiuns psicógrafos (transmitem o pensamento pela palavra escrita), médiuns videntes (enxergam o mundo espiritual), médiuns de efeitos físicos (permitem a materialização dos Espíritos).

São mediunidades que pedem uma sensibilidade maior, um atributo que nasce com a pessoa e que deve ser disciplinado ao longo de sua trajetória.

Ele define ainda outras modalidades, dentre elas, a inspiração, que todos a possuem. A inspiração permite colher o pensamento de Espíritos que nos rodeiam e brota na mente como fruto de nosso próprio cérebro. Muito do que pensamos e fazemos tem origem nessa influência, tanto para o bem quanto para o mal.

E o dirigente amigo, em sua aula, ressaltara:

"— É preciso considerar que o mundo espiritual, a chamada morada dos Espíritos, começa exatamente aqui onde estamos, e aqui continuam todos aqueles que, se libertando dos laços da matéria pelo fenômeno da morte, permanecem presos aos interesses humanos. Numerosos Espíritos são atraídos por nossos pensamentos, por nossas ideias, por nossa maneira de ser. Muitos pensamentos e sentimentos que nos tomam e muitas iniciativas que adotamos ocorrem a partir dessa influência.

Daí a prudência que devemos ter com a inspiração, considerando os princípios básicos. Os Benfeitores Espirituais, por exemplo, aconselham, orientam, em favor do melhor, sem se envolver com questões pessoais. E, se desejamos ter a sua presença e a sua inspiração, é preciso cultivar intensamente a prece e os sentimentos no propósito de fazer o melhor, pois é dessa forma que sintonizamos com os bons Espíritos, para não ficarmos a serviço da inspiração de Espíritos perturbados e perturbadores. Somos rodeados pelos Espíritos o tempo todo, podemos ser ajudados ou prejudicados, bem ou mal influenciados, mas sempre em conformidade com o que fazemos, com o que pensamos, procurando disciplinar a nossa sensibilidade para o bem."

Estudar *O Livro dos Médiuns* foi fundamental, roteiro indispensável para todos aqueles que pretendam conviver com as influências do mundo espiritual, assimilando as boas, afastando as más, aprendendo a lidar com o fenômeno mediúnico.

O desenvolvimento da mediunidade depende de causas orgânicas, porém, a mediunidade já existe no Espírito, em nossa natureza espiritual, não é, portanto, um patrimônio do corpo físico e sim do Ser Espiritual. Não obstante, presente no Espírito, a mediunidade necessita de predisposições específicas do corpo físico para ser desenvolvida. A causa da mediunidade não é propriamente orgânica, todavia, a sua manifestação depende do corpo físico.

Kardec esclarece sabiamente que a presença da mediunidade em uma pessoa não a aponta como elevada, como um ser anormal, não constitui privilégio nem um atributo necessário de "santo". Não sendo santo, nem um ser perfeito, ser médium não o transforma em alguém admirável, embora suas faculdades a tornem uma pessoa diferente nesse aspecto. E, por ser diferente, não a torna nem melhor e nem pior do que as demais.

A faculdade mediúnica deve ser destinada para objetivos verdadeiramente nobres e educativos, praticada a partir de referências éticas, voltada para fins dignos, de edificação individual e coletiva.

Novas situações eram, agora, experimentadas por consentimento especial e não porque eu tivesse méritos, pois eu relutava em aceitar cegamente, como verdades absolutas, os eventos, com o fim de exercitar a ponderação, o aprendizado e o discernimento.

Nos encontros, dirigidos pela *moça,* imagens se formavam, havia um acervo de informações distintas e acima de meus conhecimentos.

Em determinados casos, eu recebi comprovações vindas por outros médiuns, como veremos mais à frente.

De outras vezes, era conduzida a visitar doentes desencarnados acamados, notava aparelhos desconhecidos no hospital situado na dimensão espiritual acima do CEAC e a presença de pessoas encarnadas, libertas igualmente do corpo físico.

Nem sempre eu via a *moça* ao meu lado, todavia, eu a sentia como se estivéssemos interligadas, porque, a qualquer atitude infeliz ou de indiscrição, o pensamento dela induzia-me a refletir.

Em uma ocasião, voltei a perguntar-lhe seu nome, ela não se identificou, disse-me que isso não tinha importância.

Tudo, porém, não parou por aí.

Visivelmente, a cada etapa controlada, iniciava-se outra.

Foi, então, que se intensificaram os fenômenos de efeitos físicos.

Os relógios passaram a não dar trégua.

O relógio de parede da minha casa e o relógio que eu usava em meu pulso paravam, as luzes piscavam, TVs ligavam e desligavam, objetos desapareciam e a buzina da bicicleta de meu filho disparava repetidamente.

Mantive-me alerta, sem deixar me levar por fantasias, porém, senti-me constrangida, pois os fatos ocorriam na presença de meus filhos, do meu esposo ou de quem estivesse em casa. Antigas indagações íntimas surgiam. Eu já não chegara ao Espiritismo? Já não me predispusera ao estudo? Já não me entregara à presença amorosa, confiante e tranquila da *moça*?

Os dias foram seguindo, e as ocorrências passaram a não me afetar.

Foi quando eu passei a identificar a presença de uma menina desencarnada, circulando pela minha casa. Orava por ela, rogando assistência e proteção aos amigos espirituais. Necessitava compreender qual era o seu propósito e por que tanto desejava chamar a minha atenção.

Constrangida, conversei com o dirigente amigo.

Raciocínio sereno, ponderado, prudente, embora não aceitasse manifestações de crianças desencarnadas em reuniões mediúnicas, esclareceu que, provavelmente, eu ou outra pessoa de minha casa fornecia a energia para que os fenômenos acontecessem, ainda que inconscientemente.

Nessa época, meu filho Gabriel, com apenas quatro anos de idade, insistia em dizer que ele gostaria de ir para o Egito. Reiteradamente, requeria livros com imagens egípcias. E a garota parecia ter ligação com ele.

Sem que eu fosse pintora, meu filho solicitou que eu pintasse uma tela com imagens egípcias. Eu pesquisei e reproduzi um quadro com hieróglifos — caracteres usados como escrita no Egito Antigo.

Ao término, ele pediu que eu o pendurasse em seu quarto. E assim o fiz.

***

Pela minha insistência, o dirigente amigo apresentou-me ao Curso de Espiritismo/Ciência, no qual eu fui admitida, ou, melhor dizendo, "adotada".

Ao chegar, conheci pessoas queridas e sábias, e novamente com a sensação de serem velhos conhecidos.

O professor, coordenador do curso, passou a ser igualmente um mentor encarnado, e, mais à frente, ofereceu-me todo o suporte no campo da psicografia e revisão dos meus livros.

No início das aulas, houve uma visão panorâmica da parapsicologia. Em seguida, foi apresentada a história da Fenomenologia Metapsíquica em quatro períodos. Charles Richet, fundador da Metapsíquica, estabeleceu nessa ciência a divisão de duas áreas com os nomes de Metapsíquica objetiva e Metapsíquica subjetiva, correspondendo exatamente à divisão espírita.

Essa divisão prevaleceu nas ciências derivadas do Espiritismo.

Nas subdivisões da Metapsíquica subjetiva havia a criptestesia, o desdobramento astral, a xenoglossia, a dupla personalidade e o mediunismo.

Afinal, as respostas estavam a caminho agora da ciência, já que o Espiritismo não é simplesmente uma religião. É, antes de tudo, uma filosofia, com bases científicas e consequências religiosas.

Os acontecimentos até então foram insignificantes perante a oportunidade de conhecer o idealizador do curso.

Com um intenso trabalho de desenvolvimento em favor da demonstração científica das teses espíritas no Instituto Brasileiro de Pesquisas Psicobiofísicas (IBPP), do qual foi o fundador e presidente, ele transferira sua residência de São Paulo para Bauru, bem como o seu instituto, onde eu fui recebida afetuosamente na presença de sua assistente.

A sensação de já conhecê-los, principalmente ele, intensificara-se.

Fui recebida por eles na casa do idealizador, a pedido do dirigente amigo.

Contei-lhes algumas ocorrências, expondo-lhes que eu não estimulava a produção de fenômenos, por vezes, com a tentativa de resistir aos processos; que me considerava lúcida, com o raciocínio lógico e uma autocrítica aguçada, não me deixando levar por fantasias; e com uma busca incessante por explicações racionais.

Ele sorriu, como se já me conhecesse, e jamais me esqueci daquele sorriso.

Senti-me uma criança, espiritualmente falando.

Prossegui, esclarecendo-lhe que, de início, as minhas "saídas" eram aflitivas, mas atualmente já estava habituada ao processo, deixava o corpo com facilidade e sem preocupações, pois sabia que a qualquer imprevisto, ruídos repentinos ou outros, eu podia regressar imediatamente ao corpo.

Contei-lhe que em minhas saídas havia notado uma "mola brilhante", com um certo brilho prateado. Algo que, por vezes, registrava em meu caderno de apontamentos e, de outras vezes, não. Confessei-lhe que havia procurado esclarecimentos na literatura e, pelas referências, deveria ser o chamado cordão fluídico.

Ele, de forma simples e natural, proporcionou-me uma das melhores e mais providenciais aulas que já eu recebera em minha vida.

Forneceu-me o livro de sua autoria, *Espírito, Perispírito e Alma*[3], elucidou-me sobre o mergulho em um mundo em que eu veria evidências do quanto o Espiritismo e a Ciência estão próximos.

Explanou elucidações: "[...] todos os seres encarnados são Espíritos dotados de um corpo sutil habitando um corpo físico". Esclareceu ainda que os processos de desdobramentos são o alicerce da organização para o exercício de faculdades mediúnicas que, no devido tempo, estariam acopladas e prontas para entrar em serviço.

Fez inúmeras considerações sobre o perispírito, ilustrou pesquisas relativas à reencarnação envolvendo crianças que se recordam nitidamente de existências passadas, geralmente até os sete anos de idade.

Abordou a mediunidade como sendo um todo com vários aspectos funcionais, caracterizada como configurações diversas de sua manifestação; lembrou que Kardec a dividiu para efeito metodológico em duas vertentes bem distintas: a mediunidade de efeitos físicos e a mediunidade de efeitos inteligentes.

Citou os eventos de barulhos, objetos que desaparecem e voltam a aparecer, dando explicações de como se davam os fenômenos de efeitos físicos; mencionou os estudos científicos da atuação dos passes magnéticos, comprovando que eles funcionam como uma transfusão de energia magnética; elucidou sobre as contestações de parapsicólogos materialistas sobre sua pesquisa no IBPP, oferecendo subsídios para demonstrar suas teorias relacionadas com o Espírito; ponderou sobre a obra de André Luiz, psicografada por Francisco Cândido Xavier, descrevendo um mundo espiritual com semelhança à vida física, com escolas, hospitais, casas, carros, vestimentas, ressaltando que não se tratava de aluci-

---

3 Hernani Guimarães Andrade é o autor da obra. Foi engenheiro, parapsicólogo e fundador do Instituto Brasileiro de Pesquisas Psicobiofísicas - IBPP. Desencarnou em 2003.

nação ou fantasia. Concluiu dizendo que a realidade espiritual era evidente, que eu confiasse.

Foi como se ele lesse a minha mente, com resposta a todas as minhas indagações. Orientou-me a estudar o seu livro, *Espírito, Perispírito e Alma*, com o qual me presenteara, dizendo-me que no capítulo VII – *Experiências fora do corpo ou projeção de Consciência* – eu encontraria explicações, especialmente sobre o cordão de prata.

Em frente àquele Espírito humilde e sábio, eu recebi um valioso presente do Alto. Deixei aquele encontro sentindo-me abençoada, com imensa gratidão à Providência Divina, que tudo provê, e certa de que todas as ocorrências estavam sendo valiosas para minha percepção íntima, meu crescimento, importantes observações e aprendizados. E, especialmente, com a vontade de me esforçar para tentar dominar os mecanismos da faculdade, a qual, hoje, considero uma concessão preciosa para meu próprio aperfeiçoamento.

Orientou ainda que eu procurasse estudar o perispírito, sua organização, suas propriedades, seu proveito e sua precisão na organização humana, denominado também de "corpo fluídico", composto do fluido elétrico, do fluido magnético e do fluido cósmico universal, este último considerado pelos espíritas a quinta-essência da matéria; é imortal, mas não imutável, pois evolui, partindo de graus primitivos até chegar aos graus superiores, sendo imprescindível à alma para fins da reencarnação. O perispírito conserva e arquiva a própria estrutura do corpo físico, mantendo a personalidade captada na carne: pensamento, vontade, memória, expressão. Ele arquiva em sua essência, como que superpostos em camadas vibratórias, os episódios, os fatos, as ações, as sensações e até os pensamentos que tenhamos produzido em nossa trajetória evolutiva.

Em meio à nossa afável conversa, ele solicitou que eu aguardasse e levantou-se.

Em minutos, retornou com o livro *O problema do Ser, do Destino e da Dor*, em suas mãos, de Léon Denis.

Abrindo-o no capítulo VIII, solicitou que eu lesse:

> [...] no sono, no sonambulismo, no êxtase, desde que à alma se abre uma saída através do invólucro da matéria que a oprime e a agrilhoa, restabelece-se imediatamente a corrente vibratória e o foco torna a adquirir toda a sua atividade. O Espírito encontra-se novamente nos seus estados anteriores de poder e liberdade. Tudo que o nele dormita desperta. As suas numerosas vidas reconstituem-se, não só com os tesouros do seu pensamento, com as reminiscências e aquisições, mas também com todas as sensações, alegrias e dores registradas no seu organismo fluídico. Esta é a razão por que, no transe, a alma, vibrando as recordações do passado, afirma as suas existências anteriores e reata a cadeia misteriosa de suas transmigrações.

Antes de se despedir, esclareceu que há circunstâncias em que as recordações do passado afloram em pessoas, à revelia da vontade delas. Sugeriu que eu continuasse registrando as ocorrências.

Parecia haver um recado comum quanto ao registro das ocorrências.

Aquele encontro foi um presente divino para mim.

Naquela mesma noite, ao me deitar, enquanto lia o Evangelho, súbito, um sono arrebatador veio ao meu encontro, senti que haveria um desdobramento. Ao pé de minha cama, estava a *moça* sorrindo à minha espera.

Disse-me mentalmente que faríamos uma visita.

Deixei o corpo físico, e fomos.

Encontramo-nos com o idealizador do curso de Espiritismo/Ciência, aquele mestre sábio e humilde que eu tive o prazer de conversar ao longo daquela tarde abençoada, e que, naquele momento, ambos em desdobramento do corpo físico, me forneceria os seus sublimes ensinamentos.

15

Os passes

Em maio de 2002, o dirigente amigo orientou-me a contribuir no serviço de passes, pois os médiuns dispõem de energias para essa finalidade e que, não encontrando seu escoadouro adequado na atuação de um emprego, podem, inclusive, apresentar problemas de saúde física e psíquica.

Esclareceu sobre a liberação de ectoplasma — substância semimaterial fluídica expelida pelos médiuns e utilizada para a produção de fenômenos mediúnicos de efeitos físicos, por exemplo, a materialização de Espíritos e mediunidade de cura; e o quanto é necessário direcionar beneficamente esses fluidos.

Os médiuns de materialização, dentre os demais de efeitos físicos, têm a capacidade de produzir mais abundantemente o ectoplasma, não sendo de forma alguma o meu caso.

O termo foi aberto pelo fisiologista francês Charles Richet e publicado em 1922 no seu *Tratado da Metapsíquica*.

Na Codificação Espírita, Allan Kardec não utilizou qualquer denominação especial para essa substância; considerando-a como uma variação do Fluido Cósmico Universal (FCU), dentro da subdivisão daqueles que são necessários para a mediunidade, de maneira que, sem dificuldades outras, o uso do termo ectoplasma se consagrou no meio espírita e no meio científico.

No livro *Nos domínios da mediunidade,* de Francisco Cândido Xavier pelo Espírito André Luiz, o ectoplasma apresenta o aspecto de uma "[...] pasta flexível, à maneira de uma geleia viscosa e semilíquida [...], sendo que, nas materializações espirituais, é expelido do corpo do médium [...] através de todos os poros e, com mais abundância, pelos orifícios naturais, particularmente da boca, das narinas e dos ouvidos, com elevada percentagem a exteriorizar-se igualmente do tórax e das extremidades dos dedos", relata André Luiz.

Ele ainda acrescenta outras informações, ao observar a sessão de materialização: "A substância, caracterizada por um cheiro especialíssimo, que não conseguimos descrever, escorria em movimentos reptilianos, acumulando-se na parte inferior do organismo medianímico, onde apresentava o aspecto de grande massa protoplásmica, viva e tremulante".

Não obstante sentir-me despreparada para ser passista, o dirigente amigo orientou que eu "não esperasse ser completamente sã para praticar o bem, e que o socorro aos que sofrem do corpo ou da alma remonta aos mais recuados tempos".

Eu compreendi, então, que não se tratava de tornar-se "santa", mas uma pessoa do bem. Foi então que, impulsionada por ele, apresentei-me ao sublime serviço fraterno de passes às segundas-feiras à noite.

Logo à chegada, após breves apresentações, ele me alocou ao lado de uma passista já experiente, Marta.

Ao vê-la, em uma fração de segundo, foi como se eu regressasse a algum lugar que, na época, não consegui alcançar. Forte emoção me abateu. Sem que houvesse me deparado com ela na presente encarnação, era-me demasiadamente familiar, como se eu há muito a conhecesse.

Após aquele *reencontro* inesquecível, aflorou uma afinidade natural, cujos laços foram se solidificando até que passamos por experiências inusitadas, algumas já narradas e outras que narrarei mais à frente. Foram sensações e sentimentos especiais e recíprocos, sem a necessidade de palavras para traduzi-los.

O serviço assistencial de passes não se restringe à simples transmissão de energias magnéticas originadas do fluido vital do passista encarnado; envolve a transfusão de energias mistas, magnético-espirituais, originárias respectivamente do trabalhador encarnado e do desencarnado, que coopera nesse tipo de atividade espírita. O serviço me tocou profundamente o coração e permaneci nessa atividade por muitos anos, sendo, atualmente, coordenadora-geral do serviço de passes no CEAC, cujas equipes estão distribuídas nos serviços existentes ao longo dos dias da semana.

Segundo o Espírito Emmanuel, psicografia de Francisco Cândido Xavier, na obra *Segue-me*, capítulo *O passe*: "[...] a Doutrina Espírita, estudando o magnetismo e suas aplicações medicinais — procurando utilizá-lo de modo mais proveitoso para os homens, segundo os princípios cristãos da caridade — desenvolveu uma prática que passou a ser empregada como uma terapêutica, baseada no emprego dos fluidos magnéticos; é o passe ou fluidoterapia. É um recurso espírita empregado no alívio de desequilíbrios orgânicos, psíquicos ou espirituais do atendido; é uma transmissão de energias pela ação do pensamento e da vontade dos passistas, energias estas oriundas dos próprios passistas e dos Espíritos que operam em conjunto conosco, os encarnados, ou ainda de fluidos extraídos da natureza por esses mesmos Espíritos, é ato sublime de fraternidade cristã [...]".

A obra *Nos domínios da mediunidade*, capítulo 17 – psicografia de Francisco Cândido Xavier, o Espírito André Luiz elucida que esta energia "[...] constitui por si emanação controlada de força mental sob a alavanca da vontade [...]".

> E conclui: "O passe é uma transfusão de energias, alterando o campo celular. Vocês sabem que na própria ciência humana de hoje o átomo não é mais o tijolo indivisível, que, antes dele, encontram-se as linhas de força, aglutinando princípios subatômicos, e que, antes desses princípios, surge a vida mental determinante... Tudo é Espírito no santuário da Natureza. Renovemos o pensamento e tudo se modificará conosco. Na assistência magnética, os recursos espirituais se entrosam entre a emissão e a recepção, ajudando a criatura necessitada para que ela ajude a si mesma.

A mente reanimada reergue as vidas microscópicas que a servem, no templo do corpo, edificando valiosas reconstruções. O passe, como reconhecemos, é importante contribuição para quem saiba recebê-lo, com o respeito e a confiança que o valorizam".

Na obra *O Consolador*, questão 98, o Espírito Emmanuel esclarece: "[...] assim como a transfusão de sangue representa uma renovação das forças físicas, o passe é uma transfusão de energias psíquicas, com a diferença de que os recursos orgânicos são retirados de um reservatório limitado, e os elementos psíquicos o são do reservatório ilimitado das forças espirituais". Emmanuel ainda acrescenta: "[...] o passe é a transmissão de uma força psíquica e espiritual, dispensando qualquer contato físico na sua aplicação".

Na obra *A Gênese*, capítulo XIV, item 33, Allan Kardec esclarece que há três tipos de fluidos ou energias magnéticas que podem ser transmitidas pelo passe.

Em primeiro lugar, pelo próprio fluido do magnetizador (magnetismo), cuja ação depende da força e, sobretudo, da qualidade de fluido. Em segundo lugar, pelo fluido dos Espíritos, atuando diretamente e sem intermediário sobre um encarnado (magnetismo espiritual), cuja qualidade está subordinada à qualidade dos fluidos do Espírito. Em terceiro lugar, pelos fluidos que os Espíritos derramam sobre o passista, que serve de condutor (magnetismo misto, humano-espiritual).

A transmissão e recepção do passe são realizadas de perispírito a perispírito, de quem doa e de quem recebe. Ajustado ao fluido humano, o fluido espiritual lhe transmite os atributos que lhe faltem.

Deve-se receber o passe somente quando houver necessidade, evitando o hábito sem necessidade. *"E Jesus, tendo ouvido isto, disse-lhes: Os sãos não necessitam de médico, mas, sim, os que estão doentes; eu não vim chamar os justos, mas sim os pecadores."* (Mc 2:17)

Emmanuel nos adverte: "Não abuses, sobretudo, daqueles que te auxiliam. Não tomes o lugar do verdadeiro necessitado, tão-só porque teus caprichos e melindres pessoais estejam feridos".

Segundo o dirigente amigo, "quando ministrado em condições ideais, envolvendo o preparo do passista e a fé do paciente, o passe produz excelentes benefícios". Geralmente, nos centros espíritas é aplicado o passe misto, sob a supervisão e o controle de Benfeitores Espirituais.

O passe é assimilado pelo perispírito a partir de determinados pontos chamados centros de força, centros vitais ou chacras, como define a filosofia hindu.

O nosso perispírito é sustentado por sete centros de força, que se conjugam nas ramificações dos plexos, aglomerados de gânglios e nervos. São os seguintes: coronário (alto da cabeça); frontal (fronte); laríngeo (garganta); cardíaco (coração); gástrico (estômago); esplênico (baço) e genésico (baixo-ventre).

O centro coronário é o mais importante, em razão do seu potencial de radiações e pelo fato de que ele está estreitamente ligado com a mente, sede da consciência. Ele é o primeiro a receber os estímulos do Espírito, a gerenciar a interação e o intercâmbio entre os demais centros, aos quais se associa em regime de interdependência. Dele emanam as energias de sustentação do sistema nervoso e suas subdivisões, sendo o responsável pela alimentação das células do pensamento e provedor dos recursos eletromagnéticos indispensáveis à estabilidade de todo o organismo. Seu correspondente glandular é a pineal. Por essa razão, a imposição de mãos e as vibrações do passista devem ser orientadas em direção ao centro coronário.

Estamos bem longe de alcançar, neste serviço, os sublimes resultados alcançados pelo nosso Mestre Maior e seus apóstolos, em inúmeras ocasiões. Porém, restabelecer o nosso corpo, aperfeiçoar a nossa mente e purificar o nosso coração tornam-se ações imprescindíveis.

A harmonia íntima, a confiança, a pontualidade, a discrição e o respeito são atributos que não devem faltar ao passista.

16
Sutilezas do desdobramento

Logo neste início, em determinada ocasião, sendo arrebatada em Espírito, encontrei-me com Amália, amiga querida, dedicada trabalhadora do serviço de passes. Ela encontrava-se deitada em uma cama, não sei se em sua própria casa ou em algum cômodo na região espiritual.

Circundava-lhe uma equipe espiritual, que esclareceu que o atendimento fora realizado em seu fígado.

No dia seguinte, ao contatá-la, confidenciou-me que passara mal no fim de semana, com dor abdominal e dificuldades com o fígado, sem conseguir alimentar-se; porém, acordara bem, recordando-se de algo ter acontecido nas horas do sono.

Após longo período em que eu recebera os atendimentos espirituais, via-me sentada em uma cadeira ou em meu próprio leito circundada por Benfeitores Espirituais; presenciava agora atendimentos visando à melhoria física ou espiritual de pessoas conhecidas, amigos e familiares.

A singular doçura dos Benfeitores e Amigos Espirituais envolvia a minha alma, todo o meu ser sentia-se abastecido de amor e proteção, e, no silêncio, agradecida, eu era levada por uma vontade superior à minha.

***

Em 27 de junho, ao deixar o corpo físico no leito, em meu quarto, desci as escadas de minha casa. Surgiu uma vista externa, do alto, um tipo de proteção circundando a minha casa, como se fosse um escudo intensamente iluminado.

Em seguida, mostraram-me intensa iluminação em torno do CEAC.

Eu entrei pela porta material da instituição e segui até as edificações nas dimensões espirituais. Passei pelo caminho arborizado até o portal ornamentado por trepadeiras floridas. Avistei a fonte de água cristalina, depois algumas residências, as salas internas para instrução, as alas hospitalares, as salas com aparelhagens e o imenso anfiteatro com teto translúcido, tudo com evidências de distinção, ordem, disciplina...

Em seguida, adveio algo singular.

Foi como se tudo se apagasse e surgisse intensa claridade.

Minhas percepções detectaram luzes e cores vivas.

Cheguei a um ambiente inusitado, sem sinal de edificações.

Senti-me leve, confiante, o meu íntimo envolvera-se em energias e pensamentos de um contentamento indescritível.

Havia uma forte luz.

Nada pude escutar. Nada pude descrever.

Ao retornar ao leito, emergiu em meu íntimo uma emoção igualmente extraordinária, um momento de imensa paz.

Súbito, eu notei duas entidades que imprimiam paz e segurança.

Em uma delas, que já se apresentara anteriormente com um traje masculino composto de túnica simples e turbante na cabeça, no momento, sem que eu pudesse visualizar tais características, distingui uma túnica longa meio vaporosa.

Ele me dirigiu o seu olhar e sorriu afetuosamente.

Mentalmente, solicitou que eu aguardasse instruções.

O ambiente em meu quarto traduzia-se como se mergulhado em uma névoa.

Acontecimento inédito, inesquecível e de forte emoção; senti intenso envolvimento e proteção.

17
Reunião Mediúnica – (2003)

Em novembro de 2002, iniciou-se a prática mediúnica no grupo do COEM.

A reunião mediúnica é uma atividade privativa, na qual se realiza o serviço de assistência aos Espíritos necessitados, integrada por trabalhadores que possuam conhecimento e formação espírita compatível com a seriedade do serviço.

Pertencer a um grupo de pessoas unidas pelo mesmo ideal é condição básica.

O dirigente amigo convidou a Marta, médium experiente, para colaborar conosco, os médiuns iniciantes. Havia me deparado com ela no serviço de passe, a sua presença causava-me forte emoção.

Com o grupo formado, com a compreensão dos processos que envolvem o desenvolvimento e mecanismo da mediunidade de forma saudável e segura em harmonia com os princípios da Doutrina Espírita e o Evangelho de Jesus, iniciou-se, então, o intercâmbio mediúnico com os Espíritos desencarnados, por meio da psicofonia. Segundo Kardec, a reunião de pessoas com um pensamento comum forma "um todo coletivo, cuja força e sensibilidade se encontram acrescidas por uma espécie de influência magnética, que auxilia no desenvolvimento da faculdade", ou seja, resulta da comunhão de vontades dos elementos do grupo, criando um conjunto de vibrações harmônicas e favoráveis para a prática mediúnica, potencializando as faculdades já existentes, estimulando o seu afloramento e, naqueles em que a mediunidade já se encontra aflorada, tem o atributo de acelerar o processo de desenvolvimento.

O trabalho tem por desígnio o intercâmbio entre a dimensão material e a espiritual, promovendo os esclarecimentos, o auxílio mútuo e a fraternidade; exercitando a humildade, empenhando-se no esforço de transformação moral conjunta. Outro aspecto importante é o de cooperar com os Benfeitores Espirituais no serviço de fortalecimento do centro espírita e na assistência espiritual de seus colaboradores.

Kardec considera aspecto relevante a fonte da comunicação, ou seja, a natureza do Espírito comunicante, sendo suas características impressas em suas manifestações, consistindo em um Espírito superior ou inferior, sábio ou ignorante.

Além disso, atentar para a categoria do instrumento, não basicamente às qualidades morais do médium, e sim as peculiaridades de sua mediunidade. Um Espírito que deseja se comunicar por meio da fala utilizará o médium psicofônico; outro Espírito que deseja se comunicar por meio da escrita utilizará o médium psicógrafo.

É preciso considerar a lei de afinidade, porquanto os Espíritos guardam maior ou menor simpatia por este ou aquele médium.

Há casos em que as relações de afinidade com os mentores, por exemplo, são construídas ao longo de uma série de reencarnações, como me foi revelado, particularmente, sobre a minha relação com a *moça* (Liz). Tivemos, ela e eu, alguns encontros em reencarnações que não vêm ao caso relatar.

Kardec ainda subdivide os médiuns em dois grandes grupos, segundo o gênero das comunicações produzidas: médiuns de efeitos físicos e de efeitos inteligentes, referindo-se à presença de uma atuação mais direta sobre a matéria ou mais voltada para o exercício da razão. No primeiro grupo, encontram-se as manifestações objetivas, que produzem efeitos materiais. Caracterizam-se pela produção de ruídos, suspensão e transporte de objetos, aparições tangíveis, translação, escrita direta, dentre outros. No segundo grupo, o dos efeitos intelectuais, as chamadas "comunicações inteligentes": faculdades de ver Espíritos, ouvir, escrever, dentre outras.

Ao final do ano de 2002, iniciaram-se os exercícios contínuos e disciplinados com um roteiro preestabelecido semanalmente, disciplina de dia e horário, com os seguintes participantes: dirigente e substituto; médiuns ostensivos (em geral, podem ser psicofônicos, psicógrafos, videntes, audientes etc.); esclarecedores (pessoas que dialogam com os Espíritos) e equipe de apoio.

A reunião inicia-se com uma prece simples e breve.

Entre a prece de abertura da reunião e a de encerramento, na primeira meia hora, desenvolve-se o estudo, com a leitura e exposição doutrinária e/ou evangélica, baseado em *O Evangelho segundo o Espiritismo* e nos demais livros de Kardec, bem como nos livros de orientação mediúnica de Emmanuel, André Luiz e outros que igualmente são utilizados em preparo e esclarecimento dos participantes da dimensão física e espiritual. Na segunda parte da reunião, são encaminhadas as vibrações de pessoas encarnadas ou desencarnadas solicitadas pessoalmente à secretaria ou encaminhadas pelo serviço de Atendimento Fraterno. O desfecho ocorre com uma concentração coletiva de pensamentos direcionados a um mesmo alvo, todos vibrando uma só ideia. A cada vibração, na qual se lê o nome da pessoa, todos os esforços se concentram fixos nela. A fase de manifestações de Espíritos e o diálogo que com eles se realiza, objetivando esclarecimento e ajuda, desdobram-se em torno de uma hora. A atividade mediúnica é o momento em que o médium e o Espírito comunicante fundem os seus pensamentos, o Espírito se aproxima do médium e o envolve em vibrações espirituais, que irradiam de seu perispírito, atingindo o perispírito do médium, fundindo-se fluidicamente. Ambos os psiquismos se interpenetram e se alteram, o médium se torna instrumento do Espírito comunicante.

A reunião deve acontecer coletivamente com o estado mental de cada um voltado a Jesus, aos seus ensinamentos, aos seus atos, ao seu amor, constituindo-se um ambiente sereno e confiante, em maioria, com resultados satisfatórios.

Compete à Espiritualidade Superior designar quais os Espíritos devem comunicar-se e quais médiuns estão em condições de recebê-los.

Se o Espírito for um Benfeitor Espiritual, trará uma experiência amorosa serena, suave. Se tratar-se de Espíritos sofredores, ignorantes, vingativos, evidentemente tudo sob o controle de Benfeitores Espirituais, o trabalho já será mais intenso, pois, frequentemente, esses irmãos desencarnados recusam-se a compreender a realidade em que se encontram, e, desequilibrados, geralmente aspiram a tumultuar o trabalho.

A palavra firme, sem agressividade, fraterna, emaranhada pelo amor e pela benevolência daquele elemento da reunião mediúnica que o está esclarecendo, conduzida pelas menções evangélicas, gradualmente vai atenuando as manifestações de ódio e revolta do Espírito manifestante.

O diálogo deve se estabelecer com o desejo profundo de esclarecê-lo, acolhê-lo, auxiliá-lo. O poder da prece e do amor de quem se coloca no lugar do outro acalma-o, consola-o. A autoridade moral do dirigente da reunião na dimensão física e de um Espírito Protetor fazem-se sentir, persuadindo Espíritos refratários e rebeldes.

Em uma reunião de desobsessão, na qual são encaminhados os casos mais graves, as manifestações dos Espíritos são mais aflitivas, mais violentas, exigindo dos médiuns mais autocontrole e dos esclarecedores mais experiência que os capacite a conter psiquicamente os desencarnados.

O dirigente e os esclarecedores devem permanecer tranquilos, transmitir a palavra serenamente, convincentes, ter atitudes agradáveis, sem advertências e constrangimentos. Por vezes, esses Espíritos recalcitrantes reveem antigas situações, telas mentais de erros, crimes, chocam-se com as próprias situações, choram, pedem perdão. Gradualmente, retomam o caminho que devem seguir, esperançosos, aliviados.

Ao final da reunião, há uma serenidade íntima, sentimo-nos bem e em paz, um Benfeitor ou Espírito amigo comunica-se com palavras de amor e gratidão, a atmosfera é de reconhecimento pelo cumprimento do dever.

Se o roteiro é bem aplicado e os elementos que compõem a reunião são dedicados, os resultados são geralmente satisfatórios.

Inicialmente, intrigava-me a razão pela qual alguns Espíritos desencarnados se supunham vivos, o porquê de se considerarem encarnados, quando, na realidade, em muitos casos, havia anos ou séculos estavam separados dessa condição.

A diversidade de experiências e o tempo induziam à compreensão das experiências, ao melhor relacionamento com as circunstâncias, com as pessoas e com o mundo, e, sobretudo, comigo mesma. Oportunidades abençoadas vão surgindo, para nossas reflexões, para que nos eduquemos à luz de Jesus.

A nossa mente é um ativo centro emissor e receptor de pensamentos.

Nossos monólogos são quase sempre observados por testemunhas invisíveis.

Por isso, o aconselhamento do Mestre Maior: "Orai e Vigiai".

Recorrem às instituições espíritas muitas pessoas em desequilíbrio psíquico, perturbadas e até mesmo obsedadas, frequentemente sendo consideradas médiuns em desenvolvimento. Muitas delas vítimas da perseguição de Espíritos inferiores resultante de averiguações mentais. Necessitam, então, de um atendimento fraterno, no qual são conduzidas ao tratamento com passes e outros recursos disponíveis, sem encaminhá-las como integrantes de reuniões mediúnicas.

Na maioria das vezes, após os tratamentos disponíveis na casa espírita, a pessoa se reequilibra, livra-se da obsessão e não revela mais os sintomas mediúnicos decorrentes do processo temporário, o que serviu, por vezes, para encaminhá-la, despertá-la, reanimá-la, aproximá-la do Espiritismo ou de um caminho alinhado.

Kardec considerou a utilidade, de modo geral, de diversos tipos de mediunidade, sobretudo a psicofonia, sendo essa faculdade mais frequente em reuniões mediúnicas, oferecendo oportunidade para que os Espíritos desencarnados narrem, quando almejam, as suas dificuldades, os seus desejos, recebendo palavras fraternas de consolo e esclarecimento dos orientadores.

Alguns elementos do grupo mediúnico identificam sinais da mediunidade e dão livre curso ao seu desenvolvimento. Por outro lado, quando a faculdade não se revela de modo acessível, mesmo depois de um bom tempo de tentativa e insistência, Kardec recomenda: "Se apesar de todas as tentativas, a mediunidade não se revela de modo algum, deverá o aspirante renunciar a ser médium, como renuncia ao canto quem reconhece não ter voz" (*O Livro dos Médiuns*, Allan Kardec, item 218).

Traduzindo-se, só é possível desenvolver a mediunidade onde ela exista, ainda que em estado latente.

Outra questão a ser considerada são as intervenções dos Espíritos inferiores, que se desfecham reiteradamente, e, ainda que em reuniões iniciantes, elas adotam proporções maiores à comunicação de Espíritos sofredores, naturalmente pela inexperiência dos médiuns e do grupo.

No caso ainda de Espíritos inferiores, deve-se ter a prudência redobrada, quando se trata de obsessores.

> Kardec esclarece: "O escolho com que topa a maioria dos mé diuns principiantes é o de terem de haver-se com Espíritos inferiores e devem dar-se por felizes quando são apenas Espíritos levianos. Toda atenção precisa pôr em que tais Espíritos não assumam predomínio, porquanto, em acontecendo isso, nem sempre lhes será fácil desembaraçar-se deles. É ponto este de tal modo capital, sobretudo em começo, que, não sendo

tomadas as precauções necessárias, podem perder-se os frutos das mais belas faculdades"(*O Livro dos Médiuns*, Allan Kardec, item 211).

Vencidas as etapas iniciais, os aprendizados vão se ampliando, as programações de cada reunião são estabelecidas pela Espiritualidade Superior, cada qual com a sua peculiaridade, e, é claro, em conformidade com os integrantes do grupo que, ao perseverar, poderão atingir os objetivos nobres, proporcionando um ambiente fluídico e mental favorável à atuação dos bons Espíritos.

Cada agrupamento tem o seu dirigente encarnado, os seus instrutores e Benfeitores Espirituais; entidades direcionadas para serem consoladas e reanimadas são levadas, as quais poderão ser entidades normais e esclarecidas ou inferiores e obsessoras, cujos trajes apresentam-se com nuances das mais variadas graduações do realismo da dimensão invisível e variam do belo ao miserável.

De modo geral, os Espíritos manifestantes expressam-se de maneira conveniente, ainda que, em maioria, indignados com algo, padecidos por pressões íntimas graves e aflitivas, por vezes em estado de total desespero, em busca do socorro, do alento.

Um indivíduo sofrido, desarvorado, que necessite desesperadamente ser ouvido por alguém que sinta o seu problema pessoal, que o socorra, o ajude a sair da situação de crise em que mergulhou, compartilhe com ele suas dores, lhe proporcione por alguns momentos o acolhimento de um coração fraterno, costumeiramente, é trazido à reunião.

Segundo Kardec, à medida que o grupo se prepara com uma perfeita comunhão de ideias e sentimentos, benevolência recíproca entre os membros, renúncia a todo sentimento contrário à caridade, desejo unânime de se instruir e melhorar por meio dos ensinamentos dos bons Espíritos, com o aproveitamento dos seus conselhos, concentração e silêncio respeitoso durante as conversações com os Espíritos, passa a oferecer condições favoráveis; surge, então, a oportunidade de cooperação na tarefa de esclarecer Espíritos endurecidos com sentimentos de aversão, vingança, pensamentos agressivos.

Os nossos fluidos, ainda grosseiros, os auxiliam, pois, ainda impregnados de rancores, ódios, aflições permitem que eles se comuniquem, incapazes de alcançar as vibrações da dimensão espiritual superior. Tais Espíritos, temporariamente impossibilitados de perceber vibrações mais sutis, necessitam do médium a fim de ver pelos seus olhos, pelos seus ouvidos, falar pela sua boca.

Não obstante o médium ceda os seus recursos ao Espírito necessitado, em conformidade com o que possui, ele deve comandar a comunicação, fiscalizar os pensamentos, disciplinar os gestos e controlar a linguagem do Espírito.

Há casos em que o processo se torna mais complexo pela vontade do Espírito sobrepor-se à do médium, todavia, este terá sempre meios de aperfeiçoar-se e educar o Espírito comunicante para não ceder aos seus caprichos.

O médium, ainda iniciante ou não satisfatoriamente educado, favorece a agitação nas comunicações dos Espíritos violentos.

Com o desenvolvimento e a maturidade, cada qual observará que pode disciplinar e controlar o processo, assegurando, assim, a eficácia do serviço.

18

Recado do Preto-velho

Em 7 de novembro, em reunião mediúnica, um Espírito protetor da Marta, cujo pseudônimo era Preto-velho, apresentou-se pela sua faculdade de psicofonia, dirigindo-se a mim, nominalmente.

Liz estava presente.

Ele a descreveu detalhadamente e orientou que eu não só deveria vê-la e ouvi-la, todavia, permitir que ela falasse por mim, para que outros a ouvissem igualmente, relembrando que, na dimensão espiritual, anterior à reencarnação, eu escolhi e me compromissei com a mediunidade.

Os ensinamentos contidos nos códigos espíritas, as advertências espirituais ou aqueles que me receberam na instituição, em nenhum momento, direcionaram-me diretamente ao trabalho mediúnico, ou, ainda, intimidaram-me, sugerindo uma missão ou um dever a cumprir, mas eu entendi o "recado" espiritual.

Evidentemente, o estudo da mediunidade foi essencial para superar dificuldades relativas ao desconhecimento e aos conceitos como "*o médium é um ser sofredor, endividado, poderá abater-se e sofrer na dimensão espiritual*".

Definitivamente, creio não se tratar de estudo para conversar com os Espíritos, mas, um fator de autoeducação e segurança com relação à própria faculdade.

Naquele mesmo dia, ao finalizar a reunião, o dirigente amigo explanou:

"— A reunião mediúnica é o aspecto sagrado do Espiritismo. Foi pela sua prática que surgiu a Doutrina Espírita. Recusar-se a participar é cerrar as portas à abençoada oportunidade de aprendizado e edificação. Se a caridade nos salva dos males do egoísmo, na reunião mediúnica, temos a oportunidade maravilhosa de exercitá-la, atendendo os necessitados da Terra e do Além. Nela, recebemos auxílio pleno de mentores espirituais que nos fortalecem e afastam as influências negativas que nos perturbam. Os Espíritos sofredores que se manifestam para receber auxílio funcionam como espelhos para nós mesmos, advertindo-nos em relação ao nosso comportamento, como se dissessem: cuidado! Você pode ser como eu, amanhã, se não tomar cuidado com sua vida."

Esse serviço constitui uma atividade de grande responsabilidade, planejada e coordenada por um dirigente espiritual, e representa um manancial de divinos benefícios. O serviço requer devotamento e bom ânimo tanto da equipe encarnada como da equipe desencarnada. Os elementos encarnados, pessoas de boa vontade, cada qual com as obrigações que a vida lhes impõe, desde que sejam devotados, tenham boa-fé e que o grupo tenha como alicerce a harmonia, o entendimento e a sinceridade de propósitos, asseveram o êxito dos trabalhos e a assistência da Espiritualidade. A prece, com aspirações elevadas projetando-se ao Alto, é imprescindível, para que se estabeleça a comunhão com a equipe espiritual superior. Se o pensamento cristão for o guia de nossas realizações, teremos o subsídio dos abnegados Benfeitores que, do Alto, dirigirão o nosso esforço e estimularão o nosso desempenho. Os preparativos, a condução e o acompanhamento à luz dos preceitos evangélicos e espíritas são complexos e variáveis. A Espiritualidade organiza o programa, saneia o ambiente físico da reunião, instala barreiras espirituais e magnéticas de proteção, encaminha os Espíritos necessitados, independentemente de serem atendidos ou não, promove a assistência à equipe encarnada, instala aparelhos necessários e providencia inúmeros recursos. Há casos emergenciais em que médiuns são convocados fora do horário da reunião, para socorrer algum Espírito necessitado, e, nessas ocorrências, sempre há o amparo e a proteção dos dirigentes espirituais.

O trabalho espiritual não se restringe ao horário da reunião mediúnica.

Foi, então, que a minha percepção se modificou, passei a refletir sobre importantes questões que até aquele momento não eram percebidas e, consequentemente, que me permitiram a descoberta de novos horizontes.

Eu compreendi o meu dever como médium, agradecida a Deus pela oportunidade recebida pela bênção da mediunidade.

O médium, como condição primordial, tem a necessidade do estudo para a compreensão de sua faculdade e do conhecimento da natureza dos Espíritos que utilizam sua possibilidade mediúnica para transmitirem suas mensagens, sendo, no meu caso, um grande recurso para orientar e disciplinar o meu caminho.

19

Além do véu

Há um provérbio africano que diz: “Árvore que enverga, o vento não quebra”.

Essa mensagem nos mostra a importância de sermos flexíveis e adaptáveis às diferentes circunstâncias da vida e, em sua essência, nos participa o valor de nossa aceitação dos fatos, dos mais simples aos mais desafiadores.

Pensamentos limitados, visão estreita, eu acreditava ser preciso muito tempo e muita energia para fazer a diferença na vida de outros. Felizmente, não tão tarde, percebi o quanto eu estava equivocada. E, foi nessa época, com essas valiosas experiências.

Em uma reunião mediúnica, após os trinta minutos de estudo indispensável ao bom aproveitamento que propicia aos participantes desvincularem-se das impressões e preocupações do dia a dia, um Benfeitor Espiritual, com características hindus, proporcionou-me uma visão. Formou-se aos meus olhos espirituais uma placa retangular. Havia uma grafia em letras de forma com um trecho de *O Evangelho segundo o Espiritismo*: “TRIUNFAREIS, SE A CARIDADE VOS INSPIRAR E SE A FÉ VOS SUSTENTAR”.

No momento, notei que tudo se paralisara à minha volta, a placa se iluminou ainda mais, envolta em um nevoeiro com reflexos em nuances azuis, vindo à minha mente os ensinamentos cristãos da caridade sob diversas formas.

Não somente a caridade do auxílio material em relação aos que possuem pouco sob a forma de dinheiro, roupas, alimento, mas, também, a que pode ser exercida entre pessoas de iguais condições materiais, através da indulgência, do apoio moral e da ajuda espiritual.

Eu discerni de forma íntima, segura e consciente a importância dos trabalhos mediúnicos, buscando assimilar os ensinamentos de Jesus em sua forma simples e direta. Agradeci a Deus e à Espiritualidade pela oportunidade de experienciar novas possibilidades pelo bem maior, amor e pela compaixão. Foi como se um véu do invisível se levantasse, rompendo a cegueira espiritual que separa a vida da morte para elucidar o essencial: a beleza, a dignidade e a nobreza no servir.

***

Segundo a Codificação Espírita, caridade é uma das Leis Naturais, ao lado da justiça e do amor, conforme o capítulo XI, da parte Terceira de *O Livro dos Espíritos*: "Lei de justiça, de amor e caridade", no qual encontramos a síntese de seu significado: Qual o verdadeiro sentido da palavra caridade, como a entendia Jesus? "Benevolência para com todos, compaixão para as imperfeições dos outros, perdão das ofensas" (*O Livro dos Espíritos,* Allan Kardec - Questão 886).

No Evangelho trazido por Jesus, a segunda grande revelação divina aos homens na Terra, como bem definiu o codificador espírita: "O amor e a caridade são o complemento da Lei de Justiça, pois amar o próximo é fazer a ele todo o bem que nos seja possível e que desejaríamos nos fosse feito". Tal é a Lei.

À semelhança, o sentido das palavras do Mestre Divino: "Amem-se uns aos outros como irmãos".

> "Segundo Jesus, a caridade não se reduz à esmola, abrange todas as relações em que nos achamos com os nossos semelhantes, sejam eles nossos inferiores, nossos iguais ou nossos superiores. Ela nos indica a indulgência, porque dela nós mesmos precisamos, e nos proíbe de humilhar os desafortunados, ao contrário do que se costuma fazer. Apresente-se uma pessoa rica e todas as atenções e deferências lhe são dispensadas. Se for pobre, toda

> gente como que entende que não precisa preocupar-se com ela. No entanto, quanto mais lastimosa seja a sua posição, tanto maior cuidado devemos pôr em lhe não aumentarmos o infortúnio pela humilhação. O homem verdadeiramente bom procura elevar, aos seus próprios olhos, aquele que lhe é inferior, diminuindo a distância que os separa" (*O Livro dos Espíritos,* Allan Kardec - comentário à questão 886).

Na concepção espírita, a beneficência — auxílio material — é apenas uma das infinitas formas de se praticar a caridade e tanto mais benéfica será se for praticada em paralelo aos esforços de retirar o indivíduo carente de sua condição de inferioridade.

> "Condenando-se a pedir esmola, o homem se rebaixa física e moralmente: embrutece-se. Uma sociedade que se baseia na lei de Deus e na justiça deve prover à vida do fraco, sem que haja humilhação para ele. Deve assegurar a existência dos que não podem trabalhar, sem lhes deixar a vida à mercê do acaso e da boa vontade de alguns" (*O Livro dos Espíritos,* Allan Kardec - Questão 888).

Em *O Evangelho segundo o Espiritismo*, capítulo XV, intitulado *Fora da caridade não há salvação*, o mandamento do Cristo (Amar a Deus, de todo o coração, e amar ao próximo como a si mesmo) é lembrado como a melhor exemplificação para a prática da caridade, e como a mais superior das virtudes é então colocada como contraponto ao egoísmo, a mais prejudicial das imperfeições.

Allan Kardec considerou a caridade em duas categorias: caridade beneficente e caridade benevolente (*Revista Espírita*): "O campo da caridade é muito vasto; compreende duas grandes divisões que, em falta de termos especiais, podem designar-se pelas expressões *caridade beneficente* e *caridade benevolente.*

A primeira é, naturalmente, proporcional aos recursos materiais de que se dispõe; mas a segunda está ao alcance de todos, do mais pobre como do mais rico. Se a beneficência é forçosamente limitada, nada além da vontade poderia estabelecer limites à benevolência" (*Revista Espírita,* Allan Kardec - dez-1868: "Sessão Anual Comemorativa do Dia dos Mortos").

Com efeito, aquela visão proporcionada pela Espiritualidade Maior foi de uma beleza e de um ensinamento específicos, como se funcionasse como um despertamento para que eu pudesse valorizar as oportunidades e oferecer o dom que eu trazia comigo.

Os Benfeitores Espirituais são unânimes em apresentar a caridade efetiva na vivência do Evangelho, no sentido de sentir, pensar e agir segundo os ensinamentos do Mestre, o que, no meu caso, encontro-me longe, muito longe do ideal, mas em aprendizado constante e em luta.

Conviver com a faculdade mediúnica é uma situação que todos, de forma geral, convivem.

No entanto, torna-se mais intenso devido à forma que se manifesta individualmente, a depender do equilíbrio emocional, físico e psíquico, do conhecimento e de inúmeros fatores pertinentes ao indivíduo.

Cada reunião mediúnica é um novo aprendizado.

***

Em 18 de outubro de 2003, o médium de cura esteve em Bauru, no CEAC.

Muitos colaboradores atuaram como passistas.

Foi uma noite especial. Ao final do atendimento, ele veio em minha direção e disse-me: "— O caminho é servir o Cristo. Confie e siga".

Sem conseguir descrever o que senti naquele momento, notei a Liz e o *padre* ao meu lado, deixei aquele serviço com imensa gratidão ao Alto pelas inúmeras provas. O dirigente amigo, presente no trabalho, sorriu e perguntou se eu havia entendido o "recado".

20

A tela dos mentores

As visões gradualmente ampliavam-se.

As paredes da sala como que se desmaterializavam, surgiam cenários, Espíritos necessitados e Benfeitores Espirituais que orientavam os trabalhos da casa. Os Espíritos Guias e Espíritos Protetores passaram a apresentar-se.

Eu conhecia alguns deles por meio dos desdobramentos experimentados.

Os Espíritos Guias pertencem a uma ordem mais elevada, têm uma visão mais dilatada da vida, são os líderes das falanges a qual pertencemos, nos orientam para o bem rumo ao avanço em nossa marcha evolutiva. Auxiliam com seus conselhos, levantam o nosso bom ânimo nas provas da vida, nos incentivam ao estudo e à liberdade de raciocínio; solicitam, antes, análises de tudo o quanto orientam, desenvolvendo em nós a necessária parcela de contribuição.

Além de nossos Guias Espirituais, há os Espíritos Protetores, que são nossos amigos, parentes e, que, também, contribuem na senda que nos conduz a Deus.

Logo que eles passaram a aparecer nas reuniões, eu descrevia-os e desenhava-os em folhas brancas. Constrangida em narrar as visões ao dirigente amigo, eu comprei tela, tintas, pincéis, e, então, passei a pintar imagens dos Mentores Espirituais e representantes de algumas falanges espirituais, não sob a influência de algum Espírito pintor, todavia, como forma de expressar o que eu via.

Eles representam algumas falanges que operam no serviço de socorro divino do CEAC, que pude captar na época.

Como eu não sou pintora, e nem estudei pintura, representei-os à "minha moda", sem dar muita importância ao resultado.

Há, atualmente, no CEAC, quase uma centena de grupos mediúnicos em atividade, cada um com seu patrono espiritual.

Na época, eu tive vergonha de apresentar a tela pintada ao dirigente amigo, destinando-a ao bazar de nossa instituição. Rosa, a nossa bibliotecária, espírita, médium, descobriu a tela, reconheceu alguns mentores espirituais, e, sem deixá-la no bazar, pendurou-a na parede da biblioteca, onde permanece atualmente.

Posteriormente, quando o dirigente amigo soube, advertiu-me de que eu deveria confiar mais nele.

Em 2019, 16 anos à frente, foi lançada a sexta obra psicografada da Liz: *Janelas do infinito – um romance no Brasil Imperial.*

Liz nos revela nesta obra que o Espírito Ismael, venerável Benfeitor Espiritual a serviço do Cristo, nomeou Jacó, "Espírito com exemplar folha de serviço dedicado ao bem e ao amor, de elevado nível evolutivo", para guiar a instituição espiritual (CEAC), cujo programa fora idealizado na Espiritualidade muito anteriormente à fundação terrena (1919).

Esclarece, ainda, que a maioria de nós, trabalhadores encarnados do CEAC, veio comprometida com a causa e com a Casa.

Os Guias Espirituais do CEAC, em seus mais variados graus evolutivos, pertencem à vasta família espiritual que vem galgando a sua trajetória evolutiva desde o Egito Antigo; cujo grupo nomeou o programa de Amor e Caridade.

Jacó apresenta-se com as características físicas de preto-velho. Ele assumiu essa roupagem espiritual pela sua humildade e para homenagear as raízes africanas de muitos cooperadores da Casa, ressalta a simplicidade, para que abrandemos o nosso orgulho e neutralizemos esse grande mal de nossa personalidade. Atualmente, expressa-se com o linguajar normal e, pela sua vibração e pelo estágio evolutivo em que se encontra, poderia adotar a forma perispiritual que desejasse.

Liz (Elizabeth) se revela como sendo a *moça*, ou melhor, a minha guia espiritual que me conduz na psicografia, na psicofonia e nos desdobramentos e que me acompanha por diversas existências.

São muitas as falanges do CEAC dirigidas por Jacó sob a coordenação de Ismael. Como exemplos: falange hindu representada pelo "Hindu"; falange São Francisco de Assis representada pelo frei Luiz; falange de doutrinadores com os sacerdotes Germano, Júlio Maria e Manuel; falange de médicos representada por Oswaldo Cruz; falange responsável pela ordem, na condução dos trabalhos espirituais, representada por Brandão e Menezes e José Maria; falange de ministros evangélicos representada pelo pastor Bizarro; falange de índios representada pelo Ubiratan; falange oriental representada pelo "Oriental"; falange de freiras representada pela irmã Rosália; falange responsável por crianças e jovens representada pela Heloisa; falange na área da educação representada por Lucas; falange africana representada por João, José, Maria, Jovina e Mercedes.

Muitos brancos orgulhosos do passado se manifestam atualmente na mediunidade como negros e índios, pois, em experiências vivenciadas, tiveram a possibilidade de aprender lições necessárias de humildade, corrigindo seus desmandos e seu orgulho. Eles falam normalmente, sem trejeitos, sem práticas ritualistas, sem objetos e ingredientes materiais, embora, perispiritualmente, apresentem-se como antigos escravos africanos e indígenas, ainda que possam manter as características que desejarem. Deve-se analisar a natureza e o conteúdo de suas manifestações, no caso de qualquer Espírito que se manifeste.

Na tela pintada, o índio Ubiratan representa a falange de índios magnetizadores responsáveis por instalar e manter barreiras espirituais e magnéticas de proteção. Antonio Batuíra faz parte dessa falange de índios e apresenta-se em algumas ocasiões, para auxiliar na cura de doenças físicas e espirituais. A falange africana, formada por dedicados trabalhadores do amor fraterno, como João, José, Maria, Mercedes, Jovina e outros, fornece elementos essenciais para a harmonia dos trabalhos.

Abaixo, a explicação, em ordem numérica, do que pude captar na época, e a tela disponibilizada em 2004:

1- Falange Francisco de Assis representada pelo benfeitor espiritual frei Luiz;
2- Falange de sacerdotes representada pelo benfeitor espiritual padre Germano, dentre outros, como o sacerdote Júlio Maria e Manuel;
3- Falange Hindu representada pelo benfeitor que se apresenta como o "Hindu";
4- Liz (Elizabeth);
5- Hernani Guimarães Andrade;
6- Jesus – imagem representativa de Ismael, que nomeou Jacó para guiar a casa espiritual;
7- Jacó – nomeado pelo Plano Superior para ser o guia espiritual da Casa, anteriormente à fundação terrena do CEAC;
8- Falange de enfermeiras – representada pela "Enfermeira";
9- "Ancião" – falange representada por Brandão Menezes, José Maria e outros;
10- Falange de ministros evangélicos representada pelo pastor Bizarro;
11- Falange oriental;
12- Ubiratan – falange de índios magnetizadores, quando há passes para auxiliar na cura de doenças físicas e espirituais, apresenta-se Antonio Batuíra, dentre inúmeros outros;
13- Falange de freiras, representada pela Irmã Rosália;
14- Falange africana representada pelo "Rapaz", dentre outros, pai João, pai José, mãe Maria, Mercedes, Jovina;
15- Falange de serviço a crianças/jovens – representada pela Heloisa
16- Falange representada pelo "Índio"; guardiões que zelam pela proteção magnética da Casa, dos trabalhadores e dos trabalhos;
17- Mentor oriental;

18- Falange socorrista representada pela moça Hindu;
19- "Ancião" representa uma falange de médicos (dentre outros, Oswaldo Cruz);
20- Falange de jovens na área da educação, representada pelo Lucas, dentre outros, Gabriel de Luca;
21- "Menino do livro";
22- "Menina do livro" (o Menino e a Menina representam todos os Espíritos que são trazidos pelos mentores na primeira parte de estudos das reuniões mediúnicas, para aprendizado).

As faculdades mediúnicas de vidência e audiência são fatos comuns.

Em teoria, vidência é a possibilidade mediúnica de ver os Espíritos.

"Alguns videntes gozam dessa faculdade em estado normal, quando perfeitamente acordados, e conservam lembrança precisa do que viram. Outros, só a apresentam em estado sonambúlico ou próximo do sonambulismo" (*O Livro dos Médiuns* – item 167).

Audiência é a faculdade de ouvir a voz dos Espíritos. Traduz-se, algumas vezes, como "[...] uma voz interior que se faz ouvir no foro íntimo das pessoas. De outras vezes, é uma voz exterior, clara e distinta, qual a de uma pessoa viva (encarnada). Os médiuns audientes podem, assim, conversar com os Espíritos" (*O Livro dos Médiuns* – item 165).

Kardec avalia que o "[...] médium vidente julga ver com os olhos, como os que são dotados de dupla vista, mas, na realidade, é a alma que vê, razão pela qual eles tanto veem com os olhos fechados como com os olhos abertos" (*O Livro dos Médiuns* – item 167).

A vidência e a dupla vista demonstram a capacidade de ver Espíritos ou cenas do plano espiritual. O que diverge uma faculdade da outra é que, na primeira, há um fato mediúnico, uma manifestação mediada por um Espírito comunicante; na segunda, o fenômeno é anímico, é a própria alma do encarnado que vê por si mesma a realidade extrafísica, durante as experiências de desdobramento do corpo e/ou emancipação da alma.

E Kardec vai além: "A possibilidade de ver os Espíritos quando sonhamos não deixa de ser uma espécie de mediunidade, mas não constitui, propriamente falando, a mediunidade de vidência" (*O Livro dos Médiuns* – item 167).

"No estado sonambúlico, a vidência e a dupla vista são mais apuradas. Pois, 'é a alma que vê'" (*O Livro dos Médiuns* – item 167).

Nessa circunstância, as palavras vidência e dupla vista são substituídas por clarividência ou clarividência sonambúlica.

O sonambulismo pode ser considerado como uma variedade da faculdade mediúnica, ou seja, são duas ordens de fenômenos que volta e meia se acham agregados.

O sonâmbulo age sob influência de seu próprio Espírito; é sua alma que, nos momentos de emancipação, vê, ouve e percebe fora dos limites do sentido.

O médium, ao contrário, é instrumento de uma inteligência estranha; é passivo, e o que diz não vem dele.

Em síntese: "o sonâmbulo exprime o seu próprio pensamento, sendo que o médium (sonambúlico) expressa o pensamento de outrem" (*O Livro dos Médiuns* – item 172).

Na clarividência sonambúlica, conhecida com vista da alma, é possível o clarividente ter "[...] uma visão atual das coisas presentes ou ausentes; uma visão retrospectiva do passado e, em alguns casos excepcionais, um pressentimento do futuro. Muitas vezes, ainda são quadros alegóricos que os Espíritos nos põem sob as vistas" (*O Livro dos Médiuns* – item 101).

21

Os que velam por nós

Na teoria e na prática, aprende-se que os dons mediúnicos aos poucos ascendem, surgindo, então, igualmente, as suas implicações.

Serão necessárias muitas reencarnações de aprendizados para que nós, os médiuns, possamos adquirir a necessária maleabilidade, tornando-nos flexíveis, e os Espíritos elevados possam intervir e utilizar-nos para um fim moral e intelectual.

O período de exercícios de trabalho preparatório em que o médium se depara, por vezes, com manifestações grosseiras e mistificações, é uma fase normal de desenvolvimento da mediunidade em que a paciência e a percepção se adestram, aprende-se a se familiarizar com o modo de agir dos habitantes do Além em suas variadas graduações. Nesse momento, deve-se manter a prudência, para não atrair inteligências levianas, e igualmente não se deixar esmorecer em função dos primeiros resultados, sendo necessário confiar que alguém sempre estará velando e protegendo-lhe. As inevitáveis decepções, as dificuldades do começo não terão bruscas implicações, mas servirão para esclarecer a razão e desenvolver as forças fluídicas.

Em seguida ao período de preparação e espera, o médium passa a colher o fruto de seus persistentes esforços, podendo receber dos Espíritos amigos a dedicação por suas faculdades amadurecidas na intimidade. Especialmente, se guardar em seu coração a pureza de ato e intenção, poderá cooperar com seus guias na obra de renovação a qual eles vêm se dedicando.

Completada a primeira fase de desenvolvimento de suas faculdades, é importante que o médium se aproxime de um Espírito

Benfeitor, que o guie, o inspire e o alerte sobre possíveis riscos e perigos. Por vezes, um parente, um amigo, um pai, uma mãe ou um filho — que já tenha conquistado a experiência necessária — para dirigi-lo no acolhedor exercício da mediunidade. O seu poder é proporcional ao grau de elevação a que chegou, e nem sempre a sua ternura e solicitude bastam para nos defender das investidas dos Espíritos inferiores.

Espíritos superiores pairam acima de nós, auxiliam a governar o nosso planeta; as diretrizes espirituais inspiram os médiuns, projetam sobre os homens de ação as vibrações de sua vontade e a clareza de sua própria sabedoria.

Os grupos mediúnicos possuem uma assistência de variadas ordens, de acordo com os seus elementos, em que, pela palavra falada ou escrita, a Espiritualidade Superior dita instruções, faz ouvir exortações.

É sempre um intenso arrebatamento, um afabilíssimo aconchego sorver a generosidade de seus pensamentos escritos, escutar as inflexões de suas palavras, que nos chegam como um distante e sublime eco das regiões elevadas.

A descida ao nosso mundo terrestre é um ato de abnegação e um motivo de sofrimento para o Espírito elevado. Nunca seriam demasiados a nossa admiração e nosso reconhecimento à generosidade dessas almas, que não recuam diante do contato com os fluidos grosseiros. Os Espíritos superiores leem o que se passa no íntimo de cada um, conhecem as intenções e dão muito pouco apreço às fantasias e aos caprichos. Para atender aos chamados e prestar assistência, exigem de cada um uma vontade firme e perseverante, uma fé elevada, um ativo desejo de se tornar útil. Reunidas essas condições, aproximam-se do médium; começa, então, muitas vezes, sem o saber, um demorado trabalho de adaptação dos seus fluidos aos dele.

São as forças preliminares de toda relação consciente.

À medida que se estabelece a harmonia das vibrações, a comunicação se acentua sob formas apropriadas às aptidões do sensitivo: audição, visão, escrita, incorporação.

Os Espíritos superiores, indiferentes às satisfações de opiniões materiais e interesseiras, comprazem-se ao pé dos homens que procuram no estudo um meio de aperfeiçoamento.

A pureza de sentimentos lhes facilita a ação e aumenta a influência.

Outros Espíritos, ainda em processo de aprendizado, como nós, por um impulso de dedicação, ligam-se aos médiuns e os acompanham até o termo de sua peregrinação terrestre. São os Espíritos familiares ou protetores. Cada pessoa tem o seu. Eles nos guiam, em meio às provações, com uma paciência e uma bondade admiráveis, sem jamais se cansarem. Os médiuns devem recorrer à proteção desses amigos invisíveis, quase sempre membros adiantados de nossa família espiritual, com quem outrora vivemos neste mundo. Aceitaram a missão, tantas vezes ingrata, de velar por nós; através de nossas alegrias e aflições, de nossas quedas e reabilitações nos encaminham para uma vida melhor, em que nos acharemos de novo reunidos para uma mesma tarefa, identificados por um mesmo amor.

***

O médium não é requisitado apenas para visitar locais fluídicos onde a fraternidade, a paz, o belo e o consolo restauram o seu Espírito para o prosseguimento da trajetória terrena.

As obrigações da mediunidade também o requisitam em regiões inferiores do mundo invisível, verdadeiras cavernas da desgraça e degradação, onde se amontoam entidades ainda inferiorizadas pelo erro e pela materialidade.

Espíritos afins, que conservam os mesmos hábitos e as mesmas ações a que se enraizaram no estado encarnado, criam mentalmente esses locais inferiores, onde a dor, a desordem, o vício, a maldade, a miséria, o ódio, a vingança, o crime e o remorso vigoram pelo desequilíbrio vibratório de suas mentes.

Ao serem transportados, em perispírito, para essas regiões miseráveis, os médiuns levam o estímulo aos aflitos mergulhados na desesperança, o esclarecimento e o consolo, para levantar-lhes a coragem; e estes, os médiuns, estarão sempre acompanhados de Benfeitores Espirituais em exercício de tarefas fraternas. São igualmente aproveitados em tarefas mais amplas e suscetíveis, durante as horas de emancipação da alma, por meio do sono natural ou letárgico provocado pelos Benfeitores Espirituais, para que os afazeres sejam realizados com mais eficiência, o que é comum não se lembrarem, ao despertar, a não ser que os Benfeitores Espirituais permitam essas lembranças, para fins de aprendizado.

***

Nas experiências em que eu fui arrebatada espiritualmente para tarefas de ordem espiritual, a título de aprendizados constantes, por muitas vezes, eu retive a lembrança do que fora presenciado, tanto em regiões de arrebatadoras belezas como em regiões de verdadeiros antros inferiores.

Em julho de 2003, eu estava em minha cama, levantei-me e dirigi-me à porta do meu quarto. Então, logo, percebi que já estava desdobrada, fora do corpo físico, e, na sequência, em um túnel, sendo sugada por uma intensa claridade, sentindo-me protegida.

Notei a presença da Liz da cintura para cima.

Cheguei a um cenário, havia estranhos vultos, deformados e disformes, sem que eu me assustasse. As entidades apresentavam-se aterrorizadas. Eram apavorantes, cujo aspecto arrebatava a baixeza de sentimentos e vibrações, a inferioridade, impossibilitados de impulsos espontâneos para a própria melhoria.

Cenas cruéis apresentaram-se. Alguns Espíritos eram contidos, pediam socorro. A Benfeitora Espiritual não era vista por eles, e, no momento, eu a sentia pelas vibrações emitidas por ela, em uma espécie de sentimento de segurança, confiança, intuição. Os membros do núcleo apresentavam-se com características masculinas, envolvidos em trapos sujos de sangue e lama; apavorados e enfermos, se debatiam.

Ocultavam a cabeça, sentiam-se incapazes de reagir.

Conectados uns aos outros, pareciam aprisionados ao passado, o que foi posteriormente revelado, quando passaram a manifestar-se em reuniões mediúnicas. Olhos aterrorizados, cabelos desgrenhados, verdadeira visão macabra, implorando por piedade e socorro, como se já mais acessíveis e direcionados para uma recomposição perispiritual.

Eram seis entidades masculinas.

Em determinado dia, um deles apresentou-se em uma reunião mediúnica. Deu um passo à frente, dispôs-se à reconstituição dos dois braços e de sua aparência, livrando-se dos panos ensanguentados e enlameados.

O dirigente encarnado esclarecia o núcleo.

A Espiritualidade Superior mostrou-lhe um espelho.

O infeliz Espírito viu-se modificado.

Houve como que uma melhora vibratória, ainda que sutil.

Os demais livraram-se dos trajes sujos. Porém, com a cabeça coberta por trapos, preferiram ainda a permanência indefinida em sua moradia inferior. Por fim, retiraram-se.

Na semana seguinte, o Espírito beneficiado retornou à reunião e apresentou-se já com a cabeça descoberta.

O dirigente amigo submeteu-o a uma regressão: ele viu-se em uma época antiga, ligado a um grupo criminoso, originando inúmeras vítimas de suas maldades; em seguida, notou-se ao lado de uma mulher, obrigando-a a fazer vários abortos de seus próprios filhos.

Posteriormente, em outra existência, ele a vê como sua futura mãe, e ela o aborta.

Em 4 de setembro, já em outra reunião mediúnica, ele retornou agradecido, com o desejo de localizar a mulher e pedir-lhe perdão.

Esse trabalho foi desenvolvido simultaneamente em duas reuniões, segundo o dirigente amigo, sem que os componentes de uma tomassem conhecimento dos episódios da outra. O dirigente amigo convidou-nos, a Marta e a mim, para uma conversa no Atendimento Fraterno e relatou-nos as ocorrências.

Havia uma falange, dentre outras, a qual recebíamos simultaneamente.

Havia similaridade de nomes, épocas, contextos...

Componentes de uma instituição espiritual, cujo objetivo é extinguir estruturas religiosas, apresentavam-se como encapuzados da Idade Média, com aparências chocantes, envergando trajes negros com mantos e capuzes, por vezes apresentando-se de máscaras, sempre escondendo os rostos. Suas principais características são chapéus altos que, aliás, manifestam-se até os dias atuais.

São veementes em anunciar que a sua falange irá resgatar o poder do Apostolado, e que não os subestimem, pois eles não permitirão, em hipótese alguma, que a nossa "seita" continue a ser propagada.

Ameaçam com planos audaciosos, afirmam que continuam com uma casta alicerçada até a total extinção da mensagem do Cristo.

Irmãos perdidos em seus dogmas obsoletos, após inúmeras experiências no campo da religião e da política, encontram-se ainda, alguns, intensamente confusos.

Outros desses líderes, felizmente, já despertaram das trevas que criaram para si mesmos, prostrando-se de joelhos em arrependimentos inconsoláveis, abatidos de lágrimas, em súplica de amor e proteção, sendo encaminhados às leis de Amor e Justiça do Criador.

Diversos, ainda, se encontram com receio de enfrentar as próprias responsabilidades.

Seguimos, pois, com a certeza de que todos, um a um, despertarão.

Essa falange manifestou-se em ambas as reuniões, por vários anos.

Muitos elementos foram resgatados e encaminhados às novas oportunidades.

Essas manifestações não são frequentes, os Benfeitores Espirituais que dirigem as reuniões elucidam que são permitidas para análises, estudos, observações. Não obstante tenham ocorridos casos nos quais foram possíveis o diálogo doutrinário passível de eficiência e o envolvimento vibratório salutar entre o grupo encarnado e o Espírito desencarnado.

Um deles, em especial, no qual foi realizado um longo e fraterno trabalho, voltou a visitar-nos em uma reunião mediúnica, para se despedir do grupo.

Apresentou sua mãe agradecida e já com o filho recuperado, ambos gratos, noticiando que seguiriam rumo ao recomeço, iriam reencarnar, num trabalho de educação pelo sofrimento e aprendizado, tal qual a lei.

Ao final da reunião, sempre com a assistência dos dedicados Benfeitores Espirituais, que jamais deixam-nos entregues aos acontecimentos inusitados da dimensão invisível, a *moça*, ou seja, a Liz, depositou algo sobre nós, integrantes materiais do grupo, disse-nos que a reencarnação seria a mais hábil solução concedida pelas leis eternas, a fim de novas tentativas para a reparação dos desvios mentais, vícios, hábitos, sentimentos e vibrações. Informou ainda que um núcleo ligado ao nosso irmão se prontificou a auxiliá-lo, em verdadeiro trabalho de recuperação, e o receberia quando fosse o momento certo.

Outra médium presente, psicofônica e vidente, viu no centro de nossa sala a *moça,* de cabelos longos, emitindo uma luz azul-

-violeta do peito, sem que eu houvesse comentado sua presença e/ou suas características.

Até hoje, em ocasiões raras, os "encapuzados" de capas pretas costumam aparecer em reuniões, as quais eu participo, com os rostos totalmente cobertos.

São Espíritos endurecidos e inteligentes, não reconhecem a presença dos Benfeitores Espirituais, entretanto, distinguem a nós, de quem não gostam, pois os reconhecemos, despertando sincera compaixão e o desejo de auxiliar.

E nós, os médiuns, seguimos como que dominados pela vontade dos Benfeitores Espirituais, confiantes, sem temores, cujas impressões de alegria espiritual são indescritíveis.

Advém um envolvimento pela vibração de fraternidade.

Ao final, surge a palavra salutar dos Benfeitores Espirituais.

Houve, também, a manifestação recorrente, e simultânea, de um Espírito que se identificara como alquimista, procurando um "encapuzado" em especial, o qual, felizmente, já havia sido encaminhado.

Com a aproximação do Espírito comunicante, os desfechos íntimos da entidade são revelados ao médium, produzindo intuições, visões, um tipo de comunicação vibratória, desvendando as cenas, os dramas, os sofrimentos, as aflições.

Esse Espírito, contrafeito, com vestes escuras e sem rosto, ameaçou-nos.

Disse que ele não sujava as mãos, pelo contrário, somente arquitetava a movimentação da colônia que lhe devia obediência.

Eis, aqui, um aspecto de suma importância a ser abordado: a questão das reuniões de desobsessão que, em comunhão com a Espiritualidade Superior, expressam os objetivos que o Espiritismo encerra.

A atração dos Espíritos obsessores e seu direcionamento no caminho do bem são tarefas que os espíritas compreendem e devem realizar com elevação e que acelera a transformação do núcleo envolvido no processo obsessivo. Observamos que o tratamento fraterno e moral, realizado com uma finalidade séria a fim de dissuadir os Espíritos desencarnados de seus propósitos, gradualmente acarreta resultados eficazes.

O médium que cultiva os valores morais, que estudou as leis que regem os fenômenos, que despende esforços por domar suas más inclinações sem interesse particular, que participa de reuniões com dias e horários fixos previamente estabelecidos, credencia a prática com a programação e proteção da Espiritualidade Superior. Por vezes, ao estudarmos a doutrina, o Evangelho e até mesmo ao orar, percebemos a aproximação de Espíritos necessitados trazidos pelos Benfeitores Espirituais para instrução ou consolo.

22

Reencontro inesquecível

Em uma época meio turbulenta, eclodiam efeitos físicos em minha casa.

Uma de minhas filhas não estava bem, tinha dores na barriga e no estômago, passara o dia tendo fortes dores abdominais.

Logo, ao me deitar, ocorreu um desdobramento consciente.

Vi-me vestida com uma túnica clara, encontrei-me com um Espírito, um mestre querido e amado que desencarnara em 25 de abril, e, portanto, havia seis meses.

Trajava uma túnica clara, segurava um pacotinho da cor de papel de pão em uma mão e uma bengala na outra. Andava de um lado a outro manipulando uma bengala, batendo-a no chão repetida vezes.

Informou que ele estava muito bem, embora com saudades dos que ficaram, e que, em algumas ocasiões, estava presente em Espírito.

Solicitou que eu não me preocupasse excessivamente com os eventos ocorridos em torno da minha filha, e que a faculdade mediúnica de que ela era portadora eclodiria no tempo certo, quando estivesse apta a estudar e compreender os seus mecanismos. Disse-me que o conteúdo daquele pacote seria depositado no copo com água na cabeceira de sua cama, e que ela o tomasse.

De fato, eu havia deixado um copo com água para ela antes de deitar, pois fizera uma prece e aplicara-lhe um passe. O senhor acrescentou que, quando eles chegam até nós, muita coisa se restringe e vai se contraindo, mas, que, em outros locais, possuem meios de ação que eu não poderia compreender, e que eu confiasse.

Sem entender, eu olhava para o pacotinho como se fosse um remédio quando, em seguida, já em minha cama, alguém me chamou: "— Abra os olhos, acorde!".

Eu despertei.

No dia seguinte, ela tomou a água.

Algum tempo depois, passou a ter ânsia, tentou vomitar algumas vezes, sem conseguir. Orientaram-me de que se tratava da liberação de ectoplasma.

Fato é que os eventos com ela se estabilizaram por muito tempo, desde 2003, época do acontecimento relatado acima, até o ano de 2017, quando ela iniciou o curso do COEM, ministrado pelo dirigente amigo.

***

No dia 9 de outubro, eu transmiti, em uma reunião mediúnica, uma comunicação desse mesmo Espírito, cujo pseudônimo era K. Goldstein, por psicofonia.

Ao sentir a vibração salutar e indescritível, passei a manifestar a comunicação, e o dirigente amigo o reconheceu.

Disse-lhe que estava saudoso e que o avisara com antecedência, antes de desencarnar, que o desligariam do corpo e que ocorrera tudo tranquilamente.

Solicitou que esclarecesse os instrumentos (médiuns) que estudassem e entendessem que não deveriam "santificar" Espíritos como ele, cujo desejo era somente se comunicar, causando-lhe dificuldades, sem encontrar acesso.

Pediu que fosse transmitido à sua fiel escudeira que ele não estava de "corpo e alma" e sim de "Espírito e bengala".

Bem-humorado, estendeu um diálogo sereno com o amigo.

Uma integrante da reunião, com a função de esclarecedora, viu como se fosse um tubo com uma luz vinda do teto de onde "caíam raios dourados".

O dirigente encerrou a reunião, atestou que havia conversado com o amigo de longa data e que o fato de a pessoa não ser médium vidente, e ter testemunhado a visão, era uma comprovação.

Naquele mesmo dia, ele telefonou para a assistente do sábio Espírito que se apresentara na reunião e atestou a manifestação.

Após duas semanas, ela informou ao dirigente amigo que uma médium de outra cidade, também, transmitira uma comunicação dele.

23

A primeira psicografia

Por esse tempo, uma de minhas filhas, à época com 12 anos, retornou da escola, triste.

Uma garota conhecida havia sido hospitalizada por tentativa de suicídio, cujo pai desencarnara havia dois anos, encontrando-se ela, desde então, depressiva.

Alguns dias se passaram, a menina se recuperou, teve alta do hospital.

Posteriormente, o pai da garota manifestou-se em nossa reunião mediúnica, utilizando-me como instrumento mediúnico.

Aflito, pedia auxílio, alertando que a filha estava programando nova tentativa de suicídio.

Preocupada, conversei com a psicóloga da escola, para que tentasse alertar a mãe da garota, sem que eu relatasse o ocorrido de âmbito espiritual.

Em nova reunião mediúnica, já ao final, eu passei a sentir um peso nos braços, depois a mão esquerda começou a formigar (eu sou canhota).

Um Espírito, que eu ainda não identificara naquele momento, aproximou-se solicitando que eu escrevesse. Não obstante eu considerasse a mediunidade uma faculdade natural e espontânea, eu hesitei, pois entendia ser cedo para receber mensagens psicografadas. E os riscos? Quem seria o Espírito?

Bem assessorada pela vibração de Liz, que se fazia presente, compreendi o que ela me transmitia: seria justo eliminar o fenômeno na nascente e deixar de ajudar?

O Espírito encontrava-se equilibrado, mas aflito.

Eu sabia que deveria colocar a faculdade à disposição do

próximo, que eu era, por assim dizer, um instrumento de trabalho simplesmente para servir, porém, ainda assim, havia certa resistência.

Alguém do espaço, a distância, mostrou uma imagem com intensa luminosidade. Era um exemplar de *O Livro dos Médiuns.*

Instantaneamente, recordei-me de um trecho onde havia a consideração de que não há como diagnosticar, logo de início, esta ou aquela faculdade.

E o Espírito comunicante insistia: "— Ajude-me, eu preciso escrever! Os laços terrenos foram interrompidos, mas Deus, a quem todos nós pertencemos, permite a continuidade da vida em outra dimensão, até que consigamos nos reunir novamente sem agonia e sem as incertezas da morte. Minha filha encontra-se depressiva, e o seu estado tem se dado pelo seu despreparo diante da minha morte, e, por que não dizer, diante da vida. Eu preciso escrever... É urgente!".

Nesse momento, eu percebi que era o mesmo Espírito que se manifestara na última reunião, solicitando socorro para a filha.

Quase que automaticamente, sem persistir com as digressões, eu abri minha pasta, peguei folhas e uma caneta. Eu sentia um peso nos braços. De repente, foi ficando leve, depois a mão esquerda começou a formigar e passou a movimentar-se. O Espírito insistia em escrever uma carta para a filha. Eu ouvia uma voz, que parecia ser da Liz, para que eu segurasse a caneta com mais firmeza.

Foi quando eu não mais resisti, conectei-me inteiramente com ele, e a escrita fluiu. Ele passou a escrever, e não foi fácil conter sua emoção.

Foi uma mensagem simples e direta.

Dirigiu-se à filha, elucidando que somente Deus deve conduzir nossas vidas.

Que ele estava vivo, em outra dimensão, e que tão logo fosse permitido, e ela se equilibrasse, ambos se encontrariam em sonhos. Que ela não prosseguisse com o plano que tinha em mente, pois, se assim o fizesse, eles não se encontrariam de pronto, pelo contrário, ela dificultaria a situação de ambos. Solicitou que ela tivesse fé em Deus e que seguisse os ensinamentos de Jesus. Escreveu o nome da escola, o nome dela e assinou "seu pai" e, em seguida, as letras iniciais de seu nome.

Ao término da escrita, minha mão deixou a caneta e voltei ao estado normal.

Ao final da reunião, o dirigente amigo pediu que eu lesse a mensagem, e o fiz sob forte emoção.

Posteriormente, o dirigente entrou em contato com a família e leu a carta, a esposa emocionou-se, solicitando a posse do documento. Ele convidou-a, então, a comparecer ao Atendimento Fraterno do CEAC, e que ela o procurasse.

Logo no dia seguinte, uma pessoa, aflita, entrou em contato com a secretaria do CEAC, identificou-se, disse que era urgente, que se tratava de um caso grave, que eu entrasse em contato e deixou o número do telefone.

Localizaram-me. Eu telefonei, era a tia paterna da garota.

Ela tomara conhecimento da carta pela cunhada, disse-me que era irmã do comunicante, citando o nome dele, sentindo-se agradecida, pois a sobrinha e a cunhada precisavam de muita ajuda.

Fiquei emocionada e um pouco mais confiante, pois as iniciais do nome que ela citara coincidiam com as iniciais recebidas.

Em 3 de novembro, a garota, acompanhada pela mãe, compareceu ao Atendimento Fraterno; o dirigente amigo atendeu-as pessoalmente e entregou-lhes a carta.

Dois dias depois, a mãe entrou em contato com o CEAC, disse que ambas estavam bem melhores e que a filha estava feliz, que a carta foi uma ferramenta para seu consolo e sua compreensão, para seguir o seu caminho resignadamente.

Eu senti a alegria de quem é pequeno e se vê envolvido em uma tarefa de consolo a pessoas que sofrem, como se eu própria houvesse mergulhado em vibrações benéficas através das lágrimas daquele que em desespero tentava dissuadir sua filha do suicídio.

24

A jovem menina

Uma menina desencarnada circulava em minha casa, supostamente fonte geradora dos efeitos físicos.

Manifestou-se, certo dia, em nossa reunião, adotou uma roupagem e uma idade superior a que ela aparecera anteriormente nas minhas vidências, e igualmente nas vidências de outra médium, contudo, deixando vestígios para que eu a identificasse. A jovem menina confessou ao dirigente amigo que me conhecia de outras existências e que desejava reencarnar no seio de minha família. Ele, emocionado, esclareceu-lhe que, no momento, não seria possível; ela chorou copiosamente.

A jovem menina continuou frequentando minha casa. Ela tinha cabelos claros e lisos na altura do ombro, vestidinho claro, avisava sobre sua presença acionando a buzina da bicicleta de meu filho, dentre outros ruídos, e, também, algumas luzes acendiam.

Em algumas ocasiões, seguia-me pelos cômodos de minha casa, fazendo-se presente. Compareceu algumas vezes às nossas reuniões mediúnicas, até que compreendeu a situação: eu já tinha três filhos, o meu esposo fora submetido à vasectomia. Foram comunicações difíceis, especialmente porque o dirigente amigo não se habituara a aceitar manifestações de crianças, o que, de fato, não acontecera em nosso grupo até então. Não obstante em nossa reunião ela se apresentasse como uma jovem menina, em minha casa, ela perispiritualmente mostrava-se como uma menina, o que me fazia presumir que ela evoluía na dimensão espiritual na "pele" de uma criança, pois era assim que eu a via.

Havia muito eu procurava respostas sobre os efeitos físicos decorridos em minha casa. Além disso, ela se fazia presente, comportadamente, durante as fraternas e belíssimas lições do Evangelho do Lar, praticado uma vez por semana em nossa família.

Em *O Livro dos Médiuns*, Erasto deixou documentado o seu conselho: "é melhor rejeitar nove verdades do que aceitar uma mentira".

Os resultados devem ser sempre analisados e avaliados, entretanto, a Liz, a Benfeitora Espiritual, insistia: "não cabe ao médium bloquear o processo em si".

A jovem garota compareceu por mais de um ano às nossas reuniões mediúnicas, com um desfecho emocionante e eficaz.

Eu observava que o trabalho continuava fora das reuniões.

Em meus desdobramentos espirituais, eu era levada a visitá-la no próprio núcleo onde ela se desenvolvia na Espiritualidade, e, muitas vezes, ela acompanhou a minha volta ao corpo físico.

Ao longo do tempo, o dirigente amigo a convenceu de que ela deveria seguir o aprendizado na dimensão espiritual até que nova programação em seu benefício fosse realizada.

Finalmente, ela se conformou e despediu-se.

Após a sua despedida em uma reunião mediúnica, duas semanas depois, ocorreu um desdobramento espiritual.

Ela veio me buscar feliz, conversamos, me abraçou e se despediu, ambas sob forte emoção. Disse-me que não poderia mais vir até mim, pois iria se preparar para o retorno. Daí em diante, os fenômenos de efeitos físicos em minha casa cessaram, sem que jamais eu deixasse de me lembrar de sua presença e de orar por ela.

Não mais a vi... até o presente momento.

25

O convite

Em 25 de dezembro de 2003, eu estava deitada, sem conseguir conciliar o sono. Então, notei um tubo de luz descer do teto.

Escutei mentalmente uma voz:

"— Acomode-se. Você dormirá. Durante esse sono, receberá informações. Ao acordar, registre."

Nessa ocasião, eu não avistei a *moça*, só escutei sua voz.

Em seguida, fui arrebatada do corpo material e, quando "já fora do corpo", percebi que ela me aguardava.

Transmitiu uma mensagem, como que em uma linguagem conjunta, mas unificada, representando o pensamento de um grupo, diferentemente de outras vezes:

"— Você está amparada e preparada por alguns Espíritos amigos para captar imagens já conhecidas. Reencontrará épocas e locais onde viveu no passado, e, se aceitar o convite, deve registrar os episódios. É chegado o momento! A mente é o alicerce de todos os fenômenos mediúnicos; e o coração é a plataforma da fraternidade, onde se deve acolher os necessitados do caminho. É necessário, portanto, que você guarde em seu coração o desejo de sublimar o dom que recebeu por cessão divina, aprimorando-se na escalada evolutiva. Vigie a si mesma, discipline as emoções, cultive as virtudes cristãs e ofereça ao Alto a aptidão multiplicada. Principiaremos com exercícios. Mais à frente, compreenderá a razão de todo o preparo. Marque dia e horário, com disciplina, sente-se comodamente, em silêncio, recolhimento e prece. Confie!"

A minha consciência deparou-se com uma tela.

Como se estivesse a distância, vi o súbito aparecimento de

um imenso salão, imagem que gradualmente ia se firmando num quadro, havia um baile, pessoas movimentavam-se como se fossem atores num belíssimo palco, permitindo-me distingui-los com trajes bem-postos e antigos de gala.

Por algum motivo, que eu não sei dizer, sabia intimamente que era o século XIX, Rio de Janeiro. No momento, foi como se eu resgatasse vislumbres fragmentados e incertos de sonhos repetitivos. As cenas coloridas se desdobraram com detalhes, sequências belíssimas de sons, acontecimentos e diálogos.

Ao despertar do sono físico, registrei os pormenores, pois eles permaneceram completamente vivos em minha mente, como se estivessem à frente de meus olhos.

Fiz uma prece comprometendo-me a ficar à disposição da Espiritualidade.

Marquei o encontro para as 7h30 do consequente dia.

Na manhã imediata, 26 de dezembro de 2003, uma de minhas filhas, encabulada, confidenciou-me que estava em sua cama quando viu uma luz muito forte com a forma de um "anjo" no ar. Narrou, emocionada, que o "anjo" era uma mulher, ela sentiu medo, e o anjo, percebendo seu medo, afastou-se, desaparecendo. Entretanto, disse-me em lágrimas que ela sabia o quanto o anjo era bom, que estava ali para ajudá-la. Comentou que estava triste por ter pedido para ele se afastar e que agora estava com receio de que não mais regressasse.

Tranquilizei-a. Ficou tudo bem.

Sabia que meu dever era conservar o equilíbrio espiritual, não perder o domínio racional, formando sempre uma opinião razoável e de bom senso sobre cada acontecimento.

Comentei, então, o fato com o dirigente amigo.

Ele esclareceu que o acontecimento era normal, contudo, não comum.

Provavelmente, uma comprovação do que se passara comigo, pois ocorreu um acontecimento simultâneo, e, que, possivelmente, ela, futuramente, teria alguma tarefa no campo mediúnico. Que eu me preparasse para guiar os passos dela na delicada tarefa da mediunidade. Que o futuro confirmaria!

26
Uma ponta do véu

Era um sábado, no final do ano de 2003.

Em meu quarto, deitada em minha cama, coloquei uma música relaxante, como se eu soubesse o que iria acontecer, sem poder explicar precisamente.

Fiz uma prece.

Notei a presença da Liz, como se ela estivesse me induzindo àquele estado.

Havia seis espíritos ao meu redor.

O teto do meu quarto começou a se abrir e, em cima de minha cabeça, descia uma intensa luz clara, como um "tubo", formando um feixe de luz.

Liz se aproximou e posicionou-se perto de minha cama.

Passei a sentir o meu corpo se levantando na posição horizontal com uma sensação de serenidade, logo, o meu corpo inclinou-se e, então, ela me direcionou ao "túnel" claro.

A sensação e o túnel não diferenciavam, a finalização da "viagem", sim.

Não sei o que se passou. Dessa vez, entrei em um tipo de transe que não saberia classificar. Após a densa neblina, sensação aprazível; sem poder visualizar o que se passava, chegamos a uma sala com paredes brancas, sem quadros, com cadeiras dispostas em fileiras e um corredor ao meio.

Passei, então, a ouvir uma só voz como se emitisse uma ideia conjunta.

A voz elucidava que eu estava apta para desenvolver um trabalho previamente estabelecido e que havia predisposições próprias. Que eu estabelecesse dia e horário, descrevesse o que eu visse, o que eu sentisse, os detalhes materiais das paragens, vestimentas, pessoas e procurasse registrar todo o contexto.

Em seguida, surgiu uma tela e iniciou-se a projeção de algumas cenas.

Formaram-se imagens nítidas, alternando-se.

Depois, como se fosse "sugada", retornei ao normal.

Passei a dar atenção ao assunto, dispondo-me aos exercícios de escrita diariamente. Adotei um método de trabalho, com disciplina, dirigido pela Espiritualidade e pelo dirigente amigo, abraçando o precioso Evangelho, *O Livro dos Médiuns* e as demais obras básicas da Codificação, para conduzir minha mediunidade. Trabalhava agora regularmente em meu refúgio, um escritório pequeno em minha casa, com privacidade e o mais absoluto silêncio.

Dedicava-me aos estudos com a finalidade de conhecer o mais possível a doutrina e a própria faculdade, conforme as orientações espirituais, e a de estudar História.

Em determinadas ocasiões, a minha própria consciência revelava as recordações, as visões que, voluntariamente, os Benfeitores Espirituais me proporcionavam durante o sono provocado por eles, sendo eu incapaz de oferecer uma explicação correta, suficiente, por mais que me esforçasse, sem conseguir descrever todos os aspectos realmente como eu via, ainda que tudo eu considerasse completo, preciso, legítimo.

Passei, então, a registrar os fenômenos que se desdobraram sobre os eventos, que me diziam respeito ou não, acordada, em transe de desdobramento ou em sonhos, "lembrando-me", ao despertar, do que havia visto.

As cenas desenrolavam-se em sucessão, como se fossem um filme. A minha consciência seguia o drama, sem que eu pudesse interceder no curso dos acontecimentos, como se estivesse olhando para um palco distante, onde os atores atuavam em uma tentativa de exprimir e reproduzir as ações dos personagens que eu via e ouvia.

Nesse período, eu atuava em reuniões mediúnicas como médium psicofônica, em trabalho de desobsessão e como passista no serviço de passes.

Gradativamente, as "coincidências" entre mim e Marta intensificavam-se.

Havia tempos, ela desvencilhara-se de nossa reunião, contudo, o dirigente amigo disse-nos que ainda continuávamos sendo instrumentos mediúnicos de atendimentos simultâneos aos mesmos Espíritos sofredores e/ou obsessores, em ambas e distintas reuniões. Advertiu-nos uma vez mais que a Espiritualidade estava chamando a atenção sobre algum trabalho conjunto a ser desenvolvido.

O fenômeno de desdobramento espiritual passou a ser uma condição relativamente frequente com o auxílio dos Benfeitores Espirituais. Imagens repetiam-se, desenvolvia-se um tipo de transe, o meu perispírito libertava-se e visitava lugares distantes, conhecidos ou não. Na época, eu não saberia dizer se os locais se encontravam em nossa dimensão física ou nas esferas espirituais.

A partir de janeiro de 2004, o trabalho desenvolveu-se não propriamente como um tipo de sonho, mas como se eu estivesse dentro das cenas e sentindo o que lá se passava, sem o poder de interferir. Essas impressões e emoções repercutiam em mim com uma veemência intensa e incompreensível.

Dedicando-me aos exercícios, obedecendo às orientações espirituais e aos ensinamentos da Doutrina Espírita, passei a ver-me acima de meu corpo, e, além disso, escrevendo sem muita consciência, ouvindo e vendo os desfechos, sentindo as emoções dos personagens, fossem elas boas ou ruins, tristes ou felizes, mais ou menos em conformidade com o que acontece nos processos obsessivos.

Os exercícios duravam aproximadamente duas horas diárias.

Conforme as experiências se desdobravam, a aflição íntima

amenizava, como se eu estivesse cumprindo um dever ou resgatando algo.

O contato diário com a Espiritualidade trazia-me enorme satisfação.

Em algumas ocasiões, eu era levada e deitavam-me em uma maca ou sentavam-me em uma cadeira. Ocorria um tipo de tratamento, via-me cercada por Benfeitores Espirituais com vestimentas claras.

Havia uma programação de trabalho. Liz solicitou que eu me aprontasse, que mais à frente ela pretendia escrever um livro, e, caso eu aceitasse, seria seu instrumento. A constância dela ao meu lado exercia uma ação poderosa em meus direcionamentos, não só com as boas resoluções em meu próprio benefício como auxiliando-me a vencer os desafios experimentados.

Fato é que eu não dei importância à sua instrução, pois, não sendo escritora, tinha a convicção de que não poderia me prestar a uma realização literária, supus que o livro seria efetivado pelo dirigente amigo, renomado escritor, por meio das informações fornecidas a ele nesse trabalho, o qual eu vinha realizando com ela.

E prossegui com os registros, naturalmente.

Frequentemente, eu caía em transes espontâneos de desdobramento espiritual, às noites ou nos horários reservados.

Nessas ocasiões, eu via a Liz presente no momento do desprendimento, como se fora ela a provocá-lo. Via agora imagens de cenários e pessoas, tudo enaltecido por uma beleza doce, com detalhes singulares. Levada à sala, foi mostrado, em uma tela, um casarão antigo e familiar, como se eu o revisitasse. Sendo levada a percorrer cada cômodo da vasta construção, notei os móveis, os quadros, os tapetes, um jardim de inverno com um vitral colorido. Apresentaram-se, aos meus olhos espirituais, uma bela jovem, vestido longo, armado, profundamente triste, e sua filha, com cabelos e olhos claros.

Após essa cena, outra se abriu.

A jovem, presente na cena anterior, encontrava-se agora em uma fazenda, uma porta de madeira pintada de azul abriu-se, chamando a atenção em direção ao interior de uma casa grande, chão de madeira escura, tábuas largas, com um tapete.

Depois, apareceu uma sala com uma grande mesa de jantar de madeira escura.

Uma jovem, um pouco mais nova, tocava uma melodia suave ao piano.

As duas eram irmãs e tinham a vasta afinidade de longas vivências.

A cena dilatou-se um pouco mais, outra criança se fez presente.

Em seguida, as cenas desapareceram.

Liz orientou que o sistema de percepção mudaria, que o processo seguiria a partir de então pela escrita.

A partir daí, eu me dispus aos exercícios, dirigidos pela Espiritualidade, de segundas às sextas-feiras, das 7h30 às 10h30.

Em 26 de janeiro de 2004, novas imagens apresentaram-se.

Liz me informou que a história se passara no Rio de Janeiro.

Quatro personagens apresentaram-se sentadas em uma toalha estendida em vasto gramado à frente da casa-grande na fazenda. Destacava-se uma cesta com frutas e pães para um piquenique, a jovem do Rio de Janeiro, com um livro nas mãos, lia para a sua irmã. As crianças, em brincadeiras inusitadas, corriam de um lado a outro, divertiam-se. As meninas eram loiras, usavam vestidos claros.

Surgiu um menino com calça curta, um colete e uma boininha.

Todas as crianças tinham idade aproximada entre quatro e sete anos.

Eu registrei o desfecho.

Posteriormente, conversei com o dirigente amigo.

Em 27 de janeiro, Marta me telefonou e passou a contar-

-me o que havia acontecido no dia anterior. Ela, igualmente, viu as mesmas cenas, as mesmas pessoas, citou cada detalhe, por fim, ficamos sem entender o que estava ocorrendo.

Constrangidas, desta feita, agendamos uma conversa com o dirigente amigo, o qual recebeu-nos no Atendimento Fraterno, afetuosamente, orientando que deveríamos confiar na condução dos Mentores Espirituais, que nos colocássemos à disposição deles e que tivéssemos confiança. Bem-humorado e em tom de brincadeira, concluiu: "— Desta vez, só me resta internar as duas!", repetindo a tal "brincadeira" reiteradamente quase todas as vezes que nos via juntas.

Em 28 de janeiro, a história estendeu-se um pouco mais.

Tanto Marta quanto eu, sob a tutela dos Benfeitores Espirituais, cada qual com o seu mentor, vimos a sequência de novas cenas: as crianças brincavam no gramado, uma carruagem aproximou-se. Dois homens, esposos das duas moças que se apresentavam sentadas na grama, desceram da carruagem. Quando as duas meninas os viram, correram para abraçá-los. Eram pais e filhas.

O menininho permaneceu inativo, logo atrás. Todos entraram na casa-grande, e o garoto, filho de um administrador da fazenda, permaneceu do lado de fora.

A família reunida ceou. Em seguida, a jovem, dona da casa, sentou-se ao piano e tocou.

Depois, nova cena.

As irmãs encontravam-se agora no quarto do casal.

A jovem, que residia no Rio de Janeiro, chorava convulsivamente.

Eu via e ouvia o diálogo, como se fosse uma testemunha ocular, quão intensamente eu estivesse nos dois lugares, como se eu visse e, ao mesmo tempo, fosse personagem e sentisse tudo o que se desdobrava.

A jovem, emocionada e triste, referia-se a uma gestação saudável, sem que o esposo desejasse.

Os Benfeitores Espirituais pausaram a história.

Depois, mostraram que, no nascimento do bebê, o esposo, e, portanto, o pai da criança, idealizara uma situação como se o recém-nascido morresse após o nascimento, mas que, na realidade, isso não acontecera.

O esposo havia contratado uma pessoa para que "sumisse" com a criança.

A pessoa encarregada do serviço foi à Roda dos Expostos no Rio de Janeiro, mas, ao depositar a criança na Roda, desencorajou-se, pegando-a novamente em seus braços. Intuída pela Espiritualidade, lembrou-se de uma comadre que gostaria muito de ter filhos, pois, depois de muito tentar, não conseguia engravidar, entregando-lhe o bebê, que foi parar na fazenda, pois seu pai adotivo fora contratado para trabalhar no local, e a família mudou-se para lá, como se um ímã a tivesse atraído. O menino da cena era, portanto, a criança que não morrera no parto; mas a história era desconhecida de todos.

A partir daí, diariamente, foram se distendendo as cenas e sendo registradas.

O tempo foi passando.

A história do Rio de Janeiro foi apresentada, por desdobramento, e registrada por meio da escrita, mas não psicografada.

Após o término da história do Rio de Janeiro, sucederam-se outras, história por história, com começo, meio e fim; um desfile mental, por transes de desdobramentos. Foram apresentadas oito histórias, cada qual com as características próprias, épocas distintas, personagens, culturas e cenários próprios.

Logo após os acontecimentos acima, ocorreu uma mensagem psicografada simples, com uma orientação.

Quando a Liz terminou a mensagem, minha mão e meu braço retornaram à condição normal. Esclareceu-me de que eu não me preocupasse, que orasse, vigiasse e confiasse, e, é claro, submetesse a mensagem ao dirigente amigo.

Iniciaram, então, os treinamentos da psicografia, com o apoio do dirigente encarnado amigo, dotado de paciência e sabedoria, esclarecendo-me dúvidas sobre iniciar exercícios de psicografia em minha própria casa.

Fiz alguns questionamentos.

Aprendera com ele que o esquecimento do passado é a grande bênção que Deus nos concede em favor de nossa renovação, enfrentando os reajustes do presente sem o peso do passado. Entretanto, ele esclareceu que o Espiritismo não afirma que é proibido cogitar conhecê-lo, quando a lembrança funcionar em nosso benefício, principalmente quando o processo for natural e dirigido pela Espiritualidade Benfeitora.

Disse-me que no estágio atual de evolução, no qual não temos condições para suportar o impacto causado pela lembrança plena de nossos erros e comprometimentos do pretérito, temos a oportunidade de cuidar do futuro sem sermos perturbados pelo passado. Que eu confiasse na Espiritualidade Benfeitora, pois, mais do que ele, "Deus sabe o que faz através deles". Que eu prosseguisse!

Orientou que eu iniciasse os treinos nos moldes propostos pela Liz, com alguns procedimentos e cuidados, em um ambiente favorável e a disciplina recomendada, comprometendo-se a fornecer assistência, orientações e críticas necessárias. Elucidou ainda que, não obstante o processo tivesse origem anímica, ou seja, gerado pelo meu próprio psiquismo como resultante da manipulação de meu inconsciente, onde se agitavam memórias de vidas anteriores, seria necessário depositar confiança em Deus, na Espiritualidade e nele, pois havia o processo mediúnico de trabalho.

Disse-me ainda: "— Você escreverá um livro".

Eu silenciei. Nem sempre eu conseguia absorver as orientações na íntegra, todavia, eu já estava convencida de que, além do processo anímico, havia a faculdade mediúnica e, com ela, a necessidade de estudar, meditar, observar e crer.

As manifestações eram nítidas, era preciso assumir com disposição as responsabilidades, pois abria-se em meu íntimo novos entendimentos.

Agora, longe de ser uma carga intolerável, a faculdade a ser exercitada passava a ser uma coisa natural, como se fosse uma ampliação dos sentidos naturais, tanto quanto perceber o ambiente, ver, ouvir, apalpar, cheirar, sentir sabores; uma oportunidade de serviço ao próximo; e, sobretudo, um fator de aceleração de meu próprio aprimoramento.

Não foram poucas as dificuldades iniciais de ajustes e sintonização com Liz e outros Espíritos que a acompanhavam.

Após a serena conversa com o dirigente amigo, houve um salutar desdobramento.

Por se tratar de pessoas conhecidas, adotei nomes fictícios para os personagens e para as demais pessoas encarnadas envolvidas, com o intuito de preservar-lhes a identidade e evitar exposições inadequadas.

O Espírito, cujo pseudônimo é Karl Goldstein, idealizador do Curso de Espiritismo e Ciência do CEAC, apresentou-se, e eu pude registrar um desenho que ele demonstrou. Traçou uma linha no tempo, demarcou oito faróis, e eu compreendi que eram representações de oito épocas distintas na linha do tempo.

Esclareceu: "— Estude os aspectos de cada época".

Daí em diante, passei a sentir certa familiaridade com as ocorrências, pois os fenômenos passaram a ser semelhantes. Eu já não me sentia sobressaltada nem perplexa, e não mais os rejeitava, não mais lutava contra os eventos naturais que surgiam, entregando-me às explicações cabíveis na Doutrina Espírita com força de vontade e dedicação, e, é claro, sobretudo sob o amparo dos Mentores Espirituais e do dirigente encarnado a auxiliar, estimular e proporcionar condições favoráveis às experiências.

À revelia de minha vontade, em minha infância, afloraram cenas de outra existência; em contrapartida, naquele momento, tudo era dirigido pela Espiritualidade. Minha consciência despertava clara, agora com a noção que havia algo a realizar e que eu precisava me preparar. Tais testemunhos, em estado de transe, desdobramentos ou fora deles, embora restritos, foram registrados sob orientação recebida da Espiritualidade, o que talvez, no futuro, pudesse servir para a solidificação de algum tema espírita, eu supunha.

Em março de 2004, o dirigente amigo fez-me um convite para eu contribuir como médium com o grupo mediúnico iniciante Paz na Terra, assim como a Marta havia colaborado com o nosso grupo Semente de Luz, este último extinto atualmente. Desde esse convite, passei a frequentar o grupo, do qual eu faço parte, até o presente momento. Posteriormente, integrantes do antigo grupo passaram a frequentar esse, e, felizmente, voltamos a nos reunir.

Logo de início, em 16 de março, Magali Cação, médium nesse grupo, em reunião mediúnica, teve uma visão, representando-a por meio de um desenho entregue ao dirigente amigo.

A moça representada é a Liz.

A pessoa, sentada em uma cadeira e escrevendo, sou eu, e os demais representados formam o grupo de trabalhadores espirituais.

Na noite seguida, em meu quarto, ao fazer uma prece, vi o ambiente se iluminar, de repente. Havia o reflexo de uma luz azul prateada.

Então, observei sob forte emoção a Liz.

Fui levada. Entrei novamente pela porta material do CEAC e segui para as edificações nas dimensões espirituais ligadas à nossa Casa.

***

Desenho original feito pela médium Magali Cação, no grupo Paz na Terra — reunião mediúnica no CEAC —, em 16 de março de 2004.

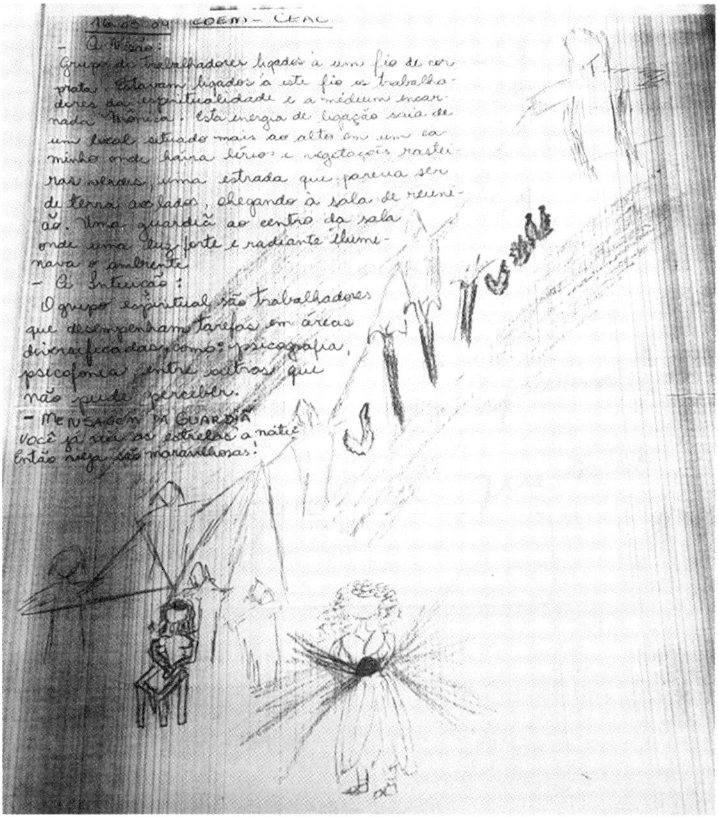

27

Dez anos de exercícios

Decorrido o período de desenvolvimento, fase de exercícios constantes, de um trabalho preparatório, no qual se treinam a paciência e a percepção, a familiaridade com o modo de agir dos habitantes do Além em suas mais diversas graduações, em que pouco a pouco se adquire a maleabilidade, o médium começa a colher os próprios frutos. Uma renovação cuidadosa do próprio caráter e a reeducação à base do Evangelho, sem sequer se afastar de sua vida comum de relação, podem contribuir para que o médium se torne instrumento de Espíritos para um fim moral ou intelectual. O médium não age sob a sua livre ação; antes de tudo, de qualquer iniciativa, deve observar quem são aqueles que o dirigem espiritualmente.

Os Espíritos superiores decifram o que em seu íntimo se passa, conhecem as finalidades. Ao estabelecer uma vontade firme e perseverante, uma fé elevada, um veemente desejo de tornar-se útil, inicia-se, então, muitas vezes, para o médium, sem que ele saiba, um demorado trabalho de adaptação dos fluidos dos Benfeitores Espirituais aos dele. À medida que se estabelece a harmonia das vibrações, a comunicação se acentua sob formas apropriadas às aptidões do sensitivo.

De outro lado, particularmente, as experiências por mim vivenciadas foram carregadas de provas de perseverança e equilíbrio, e, em muitas circunstâncias, tendiam a me afastar do roteiro certo, com dificuldades e incidentes, testemunhos estes admiravelmente medidos e corrigidos pelos Benfeitores Espirituais.

Algumas provas, até difíceis de serem superadas, conferiram a graduação necessária de desafios e aprendizados aos pequenos trabalhos que, como instrumento, têm me sido confiados pela Espiritualidade.

Segundo as obras básicas, a faculdade mediúnica independe de virtudes do médium. Não obstante, sem que ele instale valores benéficos em seu próprio íntimo, nada conseguirá de apreciável por não se haver ajustádo às faixas vibratórias aptas ao fenômeno.

As experiências pelas quais eu passei, e ainda sigo passando, após longa preparação, determinam extensos períodos de exercícios, disciplina, perseverança e dedicação, visto que tais tarefas se realizam em nosso cotidiano ligadas às desenvolvidas tanto na dimensão física como na dimensão invisível, durante os desprendimentos do corpo astral dirigidos pelos Benfeitores Espirituais.

***

Assim posto, o tempo correu.

Quase dez anos se passaram.

Após todos esses anos de exercícios, praticamente diários, no ano de 2012, eu recebi a orientação para que me desfizesse de todo o material, jogasse-o fora, pois absolutamente nada seria aproveitado.

Não obstante, Liz orientou que eu preservasse os registros dos acontecimentos experimentados e datados.

E, caso eu aceitasse o convite, seriam psicografados seis livros.

E, assim, eu o fiz.

Descartei o extenso material, cumpri fielmente a orientação.

Confesso que o estudo, o contato diário com a Espiritualidade e as orientações de firmeza e compromisso remeteram-me ao *O Livro dos Espíritos*, questões 833 e 834 – Liberdade de Pensar; 835 a 842 – Liberdade de Consciência; e as questões 843 a 850 – Livre-arbítrio.

Foi nesse ponto que, após as considerações acima, tomei uma decisão valiosa em minha vida, percebendo com clareza o compromisso que eu havia assumido antes da presente encarnação; iniciando, portanto, com confiança, segurança e assistência espiritual a psicografia no escritório de minha casa.

28

Romances mediúnicos

Após os quase 10 anos de exercícios em um contato espiritual praticamente diário com a Espiritualidade Superior, estreitando os laços fluídicos, ajustando a sintonia com os Benfeitores Espirituais, sentindo-me já segura com as instruções e os esclarecimentos no campo doutrinário, aceitei o convite da Liz para psicografar seis obras. E, paralelamente, continuei exercitando a faculdade de intercâmbio em grupos mediúnicos bem harmonizados e cautelosos no fiel atendimento aos Espíritos sofredores em busca de socorro, esclarecimento e auxílio; e dos que nos trazem a palavra de orientação, sabedoria e amor.

Adotado o método de trabalho traçado pela Espiritualidade, Liz orientou que as histórias seriam recebidas de forma cronologicamente desordenada.

Jamais ela impôs algo, pelo contrário, houve um convite com garantias de que eu seria capaz de materializar o trabalho de forma edificante.

Por meio do fenômeno de desdobramento, os Benfeitores Espirituais ressaltaram que eu vivi nas épocas e nos locais em que as obras seriam narradas, por meio das reencarnações, pois, do contrário, em meu caso particularmente, dificilmente seria possível encontrar nos meus arquivos mentais elementos que possibilitassem essa realização.

Vez ou outra, chegavam orientações espirituais ou "recados" por outros instrumentos mediúnicos, ou seja, por outros médiuns, acarretando confirmações importantes com a demonstração e a segurança de que, quando necessário, os Benfeitores Espirituais se faziam presentes por outras fontes, sendo três médiuns utilizados nessa oportunidade.

Ao receber os livros, por meio da psicografia, as vibrações do pensamento da Liz repercutiam poderosamente, surgiam telas fluídicas através das descrições, ou seja, mensagens vistas e não somente escritas.

Apareciam quadros belíssimos, cenas em cores vivas, distintas e de beleza, por vezes, intraduzível, antes mesmo da recepção através de um tipo de transe provocado por ela e por outros Benfeitores Espirituais, durante o preparo da narração da história e a minha adaptação a ela.

Contavam, demonstravam em cenas e as narravam.

Na maioria das vezes, os quadros fluídicos ocorriam antes; de outras, somente no momento da psicografia. Ao transcrever a história, por vezes, eu já a conhecia, porque a vi narrada antes, o que muito facilitou a recepção escrita, pois eu recordava as cenas nitidamente.

Em especial, nessas experiências, que me dizem respeito, distendiam-se diversas formas: visão antes e no momento da recepção; audição; psicografia desacompanhada da visão e audição; testemunhos vindos por outros médiuns (três fontes), cujas informações foram centralizadas no dirigente amigo e no desdobramento. A cada história fornecida pela Espiritualidade, alteravam-se a variação, as luzes, evoluindo de cores mais suaves às mais fortes, e a diversidade de sons.

Conforme a Liz passava a contar a história, eu não mais a via; vinham, então, as cenas se desenrolando. Por vezes, ao transcorrer as imagens das cenas, sentia-me como se eu própria estivesse na "pele" dos personagens, com uma comunhão intensa entre a minha mente e a da Liz. As emoções refletiam-se em mim, em um processo delicado, na alegria ou tristeza, na angústia ou no contentamento, comparando-se ao que costuma ocorrer no processo mediúnico entre o Espírito que se manifesta e o médium que o recebe.

Em meu escritório, ambiente privado para o exercício de

psicografia, conservava-se total silêncio. A disciplina, o tempo e o lugar privativo foram essenciais para que o trabalho se desenvolvesse.

Os Benfeitores Espirituais reforçaram que eu estudasse o Evangelho, e também um pouco de História, a fim de ampliar as aspirações que vinham deles, auxiliando na construção da história, pois, em todas as civilizações de nosso mundo existiram vestígios da comunicação dos Espíritos e das leis de Deus. Orientaram, ainda, que eu estudasse, meditasse, observasse, perguntasse tudo o quanto eu não entendesse para eles e para pessoas encarnadas capazes de me esclarecer, que permanecesse vigilante e orasse com frequência para manter o que chamam de "escudo espiritual", além de tentar cultivar a pureza de sentimentos e a humildade.

A atitude crítica comigo mesma, o excesso de zelo, o receio de que eu pudesse causar um desserviço à causa eram aspectos limitadores, e, gradualmente, foram sendo superados. Nessa fase, já havia estabelecido uma dose de confiança bem maior em mim mesma. Foi como se faculdades adormecidas acordassem, então, para esse trabalho, que passei a considerar um convite nobre.

Ao término da psicografia do primeiro livro, pensei em buscar uma confirmação por outra fonte mediúnica, uma vez que a Liz afirmara que o trabalho estava pronto, após as quatro revisões feitas com ela. Preocupavam-me quais propósitos o trabalho atingia e a que finalidade se destinava.

Uma vez mais, eu fui surpreendida pela confirmação espontânea vinda por outra médium, sem que eu chegasse a solicitar.

No mesmo dia, Liz esclareceu sobre os motivos da formação da família espírita encarnada e desencarnada, sob a tutela da Espiritualidade Superior e de Jesus, para os trabalhos de Sua causa e para a convivência fraterna.

Ela revelou sobre uma experiência passada dela própria, vivenciada na Terra, a qual trouxe-me profunda emoção.

***

Em outra ocasião, Liz discorreu sobre uma nova história a ser narrada por psicografia, citou alguns personagens, suas características principais e demonstrou a trajetória de um Espírito direcionado pelo orgulho e pela soberba, curvando-se pela impotência de seu poder perante a possibilidade da morte de uma pessoa querida, aprendendo, gradualmente, na trajetória dos séculos, a dominar os seus impulsos, a tornar-se justo, a ter fé em Deus.

Forte emoção me tomou novamente.

Houve verdadeira lição doutrinária do Espiritismo naquela explicação de vidas sucessivas sobre as inclinações e o progresso daquele Espírito.

Após o rigor dos dez anos de aprendizados por meio de exercícios constantes, da solicitação da mentora espiritual de inutilizar o material desenvolvido nesse transcurso, do término dessa primeira obra e as revisões realizadas com ela, da orientação e liberação espiritual do livro, entreguei o material ao dirigente amigo para que o analisasse com o devido juízo crítico.

Como a psicografia operou desde o início com a possibilidade psíquica para a captação das visões dos quadros plasmados pelos Benfeitores Espirituais, os fatos, sendo ligados à História, obviamente teriam de ser associados à pesquisa apurada.

Por conhecer o quanto estamos sujeitos a intercorrências de naturezas fascinadoras, gerando ações equivocadas, presos que estamos a condicionamentos milenares, tornava-se imprescindível o acompanhamento de pessoas habilitadas; seriam necessários uma revisão prudente, análise doutrinária, histórica, gramatical e um acompanhamento de uma equipe no que tangia aos aspectos editoriais até o lançamento do livro, se fosse o caso.

O dirigente amigo, criterioso no trato com os médiuns e com as produções espíritas ou mediúnicas, examinou e revisou o livro.

Paralelamente, o material foi encaminhado ao professor de Espiritismo e Ciência, meu orientador de todos os momentos, para análise da história.

Os dois incentivaram a publicação da obra, suprimiram descrições desnecessárias, sem alterar os informes espirituais preciosos originados pela Liz.

Liz esclareceu que os critérios para a recepção da obra foram adotados para o amadurecimento de todos, que a amizade verdadeira seria o sustento e que cada lição compreendida facilitaria o serviço renovador.

É preciso ter o maior cuidado com os fins a que a obra se destina, por isso, o médium necessita ser auxiliado na dimensão terrena por pessoas de bom senso, conhecimento e prudência.

Por Liz, lancei em 2013 o primeiro livro: *Grécia – um romance no tempo dos deuses*; em 2014, o segundo livro: *França – um romance no tempo dos Cátaros*; em 2015, o terceiro: *Os Druidas – no limiar da Era Cristã*; o quarto livro veio em 2017: *Laços de amor – um romance no principado de Kiev*; em 2018, *Os Mistérios Sagrados do Amor – um romance no Egito Antigo*; e, em 2019: *Janelas do infinito – um romance no Brasil imperial*, concluindo o projeto dos seis romances psicografados, todos pela editora CEAC.

Os personagens que atuam em cada um dos enredos de cada livro são, na verdade, os mesmos Espíritos que reencarnam, permitindo-nos acompanhar suas trajetórias de progresso. A cada reencarnação, eles acumulam sabedoria e, ao mesmo tempo, desconstroem condicionamentos herdados de vidas anteriores.

Liz demonstra que neste trajeto evolutivo, sucessivamente, o Espírito passa a conectar-se de forma mais aperfeiçoada com o Plano Maior.

Ela procura destacar cronologicamente os eventos doutrinários, ressalta os acontecimentos contemporâneos nas ciências e na cultura em geral, porquanto o Espiritismo é um fenômeno inserido em um contexto histórico.

A coleção de livros demonstra a existência do mundo espiritual e, por consequência, a imortalidade do Ser espiritual.

Apresenta o progresso de uma família espiritual, a evolução

de cada personagem a cada experiência reencarnatória e a função determinante da mediunidade na evolução humana, desde tempos imemoráveis, em um processo lento, evolutivo e gradual, em consenso com o processo evolutivo do próprio homem.

Na paragem cultural no Egito, posteriormente nos oráculos gregos ou nos profetas judeus, nos santos católicos ou nas bruxas da Idade Medieval, a mediunidade, embora sob outro nome, sempre deixou seus sinais nos mais diversos povos. Os povos primitivos chamavam *deus* a tudo o que exibia algum atributo sobrenatural, qualquer evento que lhes fugisse ao conhecimento, tais como os fenômenos da natureza e até as aptidões distintas que tivessem; rendiam-lhes cultos que persistiram por milênios.

Por meio do exercício do livre-arbítrio, o homem começou a adquirir aquisições nas sucessivas experiências reencarnatórias, aprendendo a empregar a energia espiritual da qual é dotado.

Observemos em ordem cronológica, abaixo.

No livro *Os Mistérios Sagrados do Egito*, por volta de 2700 a.C., a mediunidade de cura é relatada, e os fenômenos de emancipação da alma eram conhecidos e praticados.

Na obra *Grécia – um romance no tempo dos deuses*, século V a.C., a mediunidade aparece frequentemente entre os iniciados.

Em *Os Druidas – no limiar da Era Cristã*, época em que Jesus derrama sobre os homens a grandiosa mensagem de Amor, junto a seus apóstolos, a mediunidade é trazida à luz do mundo, considerada instrumento de aperfeiçoamento espiritual, não de domínio ou de poder.

Em *Laços de Amor – um romance no Principado de Kiev*, acompanhamos o empenho de um grupo de pessoas, no século X, para levar a mensagem cristã ao leste europeu, utilizando também a mediunidade como ferramenta.

Em seguida, em *França – um romance no tempo dos cátaros*, por volta do século XII, na Idade Média, observamos os médiuns serem perseguidos pela ausência de conhecimento e pela intolerância, submetidos a sofrimentos cruéis, condenados a morrer queimados nas fogueiras.

Na obra *Janelas do infinito – um romance no Brasil Imperial*, o romance transcorre na época em que a Doutrina Espírita surge, pois os homens estavam preparados para entendê-la e dar-lhe continuidade. O século de Kardec é, além disso, o período em que a escravidão foi banida de todos os países civilizados, fato intensamente marcante na história na humanidade.

Nas obras de Liz, não obstante a recepção fora programada de forma desordenada, propositalmente, há uma cronologia, com a ciência, a filosofia e a religião caminhando a passos seguros rumo a uma nova compreensão do problema fundamental da humanidade: "O que somos? De onde viemos? Por que estamos aqui? Para onde iremos?", questões estudadas e respondidas pela Doutrina Espírita a partir de 1857.

No prefácio de *O Evangelho segundo o Espiritismo*, abre-se um novo caminho, conforme esclarece o Espírito de Verdade: "[...] São chegados os tempos em que todas as coisas devem ser estabelecidas no seu verdadeiro sentido [...]".

Segundo o Espírito Emmanuel: "Há, nos reinos do Espírito, leis e princípios, novas revelações e novos mundos a conquistar. Isso, entretanto, exige, antes de tudo, paciência e trabalho, responsabilidade e entendimento, atenção e suor". O que implicará na renovação obtida com intensivos trabalhos de reforma íntima, da parte do candidato, com a interpretação dos Espíritos.

Após a publicação da obra, ao ler como leitora, repetidas vezes, senti-me frustrada ao perceber o quanto não conseguira descrever, na íntegra, tão belas cenas, extraordinários cenários ou belas vestimentas mostrados em visões concedidas pelos Benfeitores Espirituais em arrebatamento do Espírito, levando-me a visitar locais, contemplando-os tais como eram na época em que decorreram as histórias.

29

Viagens materiais

Após entregar o material original do livro na editora CEAC, para ser analisado por pessoas isentas e capacitadas, e dirigida por reflexões que me visitavam acerca de estar segura nos próprios compromissos que eu deveria trilhar, viajei em períodos de férias até os referidos locais citados nas obras, em algumas ocasiões.

Em setembro de 2012, posteriormente a concluir e confiar as páginas da obra *França – um romance no tempo dos cátaros* à editora, eu e o André, meu esposo, viajamos para a França.

Dirigimo-nos até o Sul, nos hospedamos em uma cidadela medieval em Carcassonne. O imponente conjunto de fortificações, circundado por uma dupla linha de muralhas, onde permanece inserido o Château Comtal, chama a atenção na paisagem, ao longe. Estacionamos o carro do lado de fora, pois veículos não circulam pelas ruas estreitas e irregulares que contrastam com o esplendor das muralhas e do castelo guarnecido por 59 torres e muros de menor tamanho que estas; ao entrar na cidadela, a pé, tudo me parecia íntimo a ponto de prever com exatidão e detalhes.

No dia seguinte, contratamos um arqueólogo local, o Stephanie, rapaz simpático que nos guiou, elucidando-nos sobre os fatos contidos na psicografia subsidiada com fatos históricos.

Ao andar pelas ruas, comentando detalhes registrados no livro, eu lhe mostrava os caminhos, as entradas e saídas de ruas, detalhava passagens, inclusive as já extintas, todavia, de conhecimento do guia.

Segundo a revisão histórica realizada pelo professor de Espiritismo e Ciência, e perante o testemunho do arqueólogo e guia local, a composição das personagens e dos cenários estava em concordância com documentos e dados, trazendo-me segurança, oferecendo ao leitor uma noção autêntica da vida e da cultura da época. A obra psicografada reconstruía com detalhes a história de eventos ocorridos e personagens retratados tal qual o contexto. A cor da ambientação local, a informação histórica e os fatos apresentados pela Liz em tudo se encaixavam. O arqueólogo nos apresentou alguns documentos e algumas referências históricas, trazendo a segurança da legitimação dos fatos; buscou averiguar quando eu visitara o local anteriormente e quem havia me instruído acerca dos fatos. Esclareci que era a primeira visita ao local "fisicamente", ao menos na atual encarnação. Constrangida, sem conseguir lhe explicar o acesso a esses conhecimentos, alguns sem registros na história oficial, eu desviei do assunto.

O exame na paragem traduzia-se como se eu já a conhecesse detalhadamente, repercutindo aspectos e construções que haviam se modificado com o tempo.

A experiência tornou-se muito envolvente por causa da riqueza dos detalhes romanceados pela Liz.

Forte emoção me dirigia, agradável ou desagradavelmente.

Por um lado, havia as experiências vivenciadas, fenômenos profundamente anímicos, os quais permanecem indelevelmente gravados em alguma parte de nosso ser, além de situações e cenas que emergiram na consciência desperta ou em transes ligeiros e sutis.

De outro lado, os Benfeitores Espirituais e a Liz indicavam, por meio de "sonhos" e, principalmente, de desdobramentos, imagens em que demonstraram o desfecho da história, e, posteriormente, por meio das páginas de psicografia nas quais as cenas e os detalhes eram captados pela projeção de forma-pensamento emitida pela Espiritualidade.

Por curiosidade, dois dias antes de nossa viagem à França, Liz apresentou-se, disse-me que eu seria guiada até uma grande placa de pedra retangular com inscrições no interior de uma igreja.

Vez por outra, quando surgiam dúvidas históricas sobre os acontecimentos, e elas se avolumavam, Liz se apresentava e solicitava que eu tivesse paciência, pois as instruções chegariam até mim.

Eu registrei e comentei a orientação com o meu esposo, mas não dei importância.

Alugamos um carro e percorremos as cidadelas próximas.

“Casualmente”, chegamos ao destino e nos deparamos com a imensa placa, dentro de uma igreja, trazendo-me largas explicações.

Vamos agora a uma breve síntese da história narrada pela Liz.

O romance psicografado se passa em meados do século XII, em Languedoc, região sul/sudoeste da França, e narra a história de uma das mais ricas civilizações que já surgiram na Europa.

De um lado, a civilização cátara, inspirada pela Espiritualidade maior, com a missão de resgatar o Cristianismo primitivo. Do outro, os poderes político-religiosos da época, que se opunham a essa doutrina e a esse movimento.

Origina-se daí uma sombria cruzada, marcando a vida dos personagens através da fé, renúncia, dos sacrifícios, das conspirações, intrigas, lutas e lágrimas.

Ainda que perseguidos e quase exterminados, os cátaros seguiram resignados e confiantes em sua missão de cultivar a semente do Cristianismo, recurso indispensável para a recuperação moral da humanidade.

Realizavam cerimônias de iniciação muito simples, consistindo, basicamente, em um sermão breve, uma bênção e uma oração ao Senhor. Essa simplicidade influenciou posteriormente alguns segmentos protestantes.

O principal ponto de discordância, e talvez o mais original, tenha sido que os cátaros não admitiam qualquer tipo de intermediação entre o homem e Deus.

Durante muito tempo, suas comunidades eram pequenas. Quando começaram a crescer, tornaram-se incômodas, tanto para Roma quanto para a França.

Um território não católico era o pretexto ideal para a coroa francesa anexar as terras de Languedoc e expandir-se. A partir daí, sucederam-se movimentos contra os cátaros, com intermináveis massacres.

As lideranças religiosas e políticas da época identificavam-se com as mesmas ambições. Foram implacáveis contra aquele segmento religioso. Pessoas vinculadas à comunidade cátara eram perseguidas por exércitos liderados por representantes de Cristo na Terra.

O sistema que imperava no continente europeu era o Feudalismo.

Os reis permitiam que os nobres possuíssem amplas propriedades, formando feudos, desde que os apoiassem contra seus inimigos. Nessas terras, viviam os vassalos vinculados aos senhores feudais, de quem dependiam e a quem juravam servir e defender. Não obstante, prestavam contas, de fato, às autoridades religiosas, que agiam com extremo rigor para punir os que se atrevessem a contestar a fé. Torturavam moralmente os acusados, em interrogatórios intermináveis, e fisicamente, isolando-os em cárceres tenebrosos.

Tal aconteceu com os cátaros que, embora negassem a autoridade do papa e condenassem a corrupção contida nas práticas do clero, eram dedicados seguidores do Cristo. Nada desejavam senão viver em paz, na observância de seus princípios. Guiados pela Providência, buscavam a redenção vivenciando seus ideais com serenidade e consciência, recusando-se ao dogmatismo e à fantasia. Para eliminar aqueles heroicos contestadores, ocorreram os lamentáveis episódios em que falsos cristãos passaram a massacrar cristãos verdadeiros.

Após esse breve resumo da obra, retornemos ao *tour* turístico.

Tudo naquele lugar me fazia crer que eu já conhecia cada pedaço da cidadela.

No quarto dia da viagem, meio adormecida, eu fui despertada pelos Benfeitores Espirituais. Então, um tipo de transe ocorreu.

Por frações de segundos, foi como se eu viajasse no tempo.

Parecia-me haver retrocedido à época da história psicografada.

Num relâmpago, senti-me na escuridão de uma masmorra, cujas chamas bruxuleantes alastravam sombras nas pedras.

Depois, surgiu o sol, eu vi uma intensa claridade; era como se estivesse entre um grupo de prisioneiros conduzido a uma praça. Todos seriam perdoados, desde que abjurassem sua fé e se submetessem às disciplinas eclesiásticas.

Monges, anciões e inúmeros representantes do clero estavam presentes.

Os prisioneiros reafirmaram sua fé. Não temiam a morte.

Foram conduzidos ao local do suplício, onde postes de madeira rodeados de lenha seca os aguardavam. Uma voz resoluta ordenou: "— Todos para a fogueira!" Monges ao redor entoavam cânticos fúnebres. A voz deles contrastava com a dos prisioneiros, que oravam em cântico de louvor ao Cristo.

Logo, as chamas envolveram a todos, em cruel suplício. A fumaça espalhava-se com o odor da carne queimada.

Acentuou-se a dor. Logo, um alívio divino.

O corpo queimava, o Espírito fora liberto pela Espiritualidade amiga.

Dor, aflição, tudo desaparecera. Inebriada de júbilo, senti-me deixando aquele campo de dores e sombras rumo a um cenário de frescor e luz.

Após esse transe, eu retornei ao presente.

Por quanto tempo isso se passou? Eu não sei dizê-lo.

Profundamente emocionada pela "volta" à história dos cátaros, pois, na verdade, no Brasil, eu já estava envolvida e psicografando outra história — a dos druidas —, Liz discorreu sobre acontecimentos que marcaram a trajetória daqueles personagens envolvidos na trama dos cátaros. Foram muitas as lições.

Eu estava ainda hipnotizada diante dos ensinamentos, porém, não ousei perguntar-lhe algo sobre o martírio dos cátaros.

Ainda assim, como se ouvisse minhas indagações íntimas, ela respondeu.

Disse-me que as revelações espontâneas tinham nobre objetivo para o desdobramento das reflexões, e, igualmente, razões respeitáveis para silenciar sobre o assunto. Posterior àquela semana de visitações e inusitadas experiências, seguimos para as cidades de Toulouse e Limoux. Retornei ao Brasil feliz, aliviada e certa de que cumprira mais uma etapa do compromisso.

***

Em setembro de 2013, após a entrega na editora CEAC do livro *Os Druidas – no limiar da Era Cristã*, eu e André, meu esposo, fomos para Dublin, Irlanda.

Com um roteiro preestabelecido, alugamos um carro, logo à chegada.

Em 11 de setembro, visitamos a cidade Glendalough, a Torre Redonda e a Viela de Avoca. No dia consecutivo, fomos à cidade medieval de Kilkenny. No terceiro dia, seguimos para o Vale do Boyne e visitamos a colina de Tara, em Hill of Tara.

Tara era o centro político espiritual da Irlanda e foi sede dos altos reis até o século XI. Visitamos a passagem tumular da Idade da Pedra, fortes da Idade do Ferro e o Royal Enclosure, um forte oval em cujo centro localiza-se a Cormac´s House, que contém a Liath Fail (Pedra do Destino), símbolo da fertilidade e pedra inaugural dos altos reis. Depois, os jardins de Loughcrew Cairns e

Knowth — a maior concentração megalítica da Europa. O folclore celta diz que os reis de Tara foram enterrados lá, porém, o lugar é bem anterior a eles.

Foi construído por volta de 3200 a.C. e redescoberto em 1699.

Não há evidências de o lugar ter sido habitado, mas há relatos de que foi utilizado para a "comunicação entre os mundos".

No solstício de inverno (21 de dezembro), raios de sol entram no túmulo e iluminam a câmara mortuária — o que faz dele o mais antigo observatório solar do mundo.

Forte comoção me tomou ao me deparar com a atmosfera e a vista do Vale do Boyne, onde surgiram rajadas de ar puro. Senti, por meio da minha sensibilidade, emoções distintas e um profundo bem-estar.

Desdobrou-se à minha visão a entidade zelosa e protetora, padre Germano.

A generosidade e o amor a Deus desse afetuoso Espírito é sempre algo que me comove, cujo esforço de sua parte é intenso para que o intercâmbio aconteça.

Tenho me reeducado sob a sua assistência espiritual, um verdadeiro trabalho exigindo longo tempo, perseverança e dedicação ilimitada, tanto dele quanto da Liz. Lindo espetáculo se apresentou aos meus olhos. Liz chegou.

Os dois deram-se as mãos e um bem-estar indefinível se fez.

Lágrimas de emoção surgiram.

***

Na noite desse dia, eu e André estávamos exaustos, dormimos cedo.

Identifiquei, à beira de nossa cama, o padre Germano e a Liz.

Em seguida, deu-se o processo de desdobramento espiritual, afastando-me do corpo físico.

Caminhamos por um lugar com vegetações, não sei por quanto tempo, enquanto narravam particularidades de experiências vivenciadas por eles. Ele descreveu um pequeno trecho de sua existência como sacerdote, disse que não conhecera sua mãe, pois ela morrera ao dar-lhe à luz, e que crescera em uma comunidade religiosa, em outro local. Sedento de conhecimento, seguiu o caminho do sacerdócio em busca de estudar e pregar o Evangelho sem pompas, sem mitras, sem tiaras ou mantos.

Padre Germano viveu em uma aldeia, em meio a crianças as quais ele adorava e amava como verdadeiro pai, cercado por pessoas que lhe eram queridas ao coração, desde outras existências.

Durante sua vida no sacerdócio, em espaço de anos, se deparou no confessionário por três vezes com uma jovem pálida de cachos negros, que havia declarado seu amor a ele. Germano a reconheceu como um laço de amor de vivências anteriores, revelando-lhe um mundo de felicidade. Mas, dominando os sentimentos, ele a aconselhou, dizendo-lhe que ela não poderia amar um sacerdote, pois ele não pertencia ao mundo, orientando-lhe a rogar a Deus para que lhe afastasse tal alucinação. Suplicara a Deus para não mais vê-la, contudo, jamais o perfume de jasmim da moça deixou de perturbar seus sonhos e suas orações. Faltavam-lhe forças para esquecer aquele amor, que era o seu maior segredo, confessando-o somente a Deus, ao seu manuscrito e ao seu fiel companheiro: seu cão.

A jovem casou-se, tornou-se uma duquesa.

Ele a viu quatro vezes em vida.

Em seus derradeiros dias, ainda com pouca idade, quando a morte a visitava, a moça mandou chamá-lo. Então, disse-lhe que ele recebera sua primeira confissão e que receberia também a última; e que um pecado somente ela havia cometido em sua vida, se é que amar era pecado. Solicitou ser enterrada no cemitério de sua aldeia, para estar próxima dele depois de morta, já que não pôde estar em vida.

Os anos passaram, ele a considerava sua felicidade, e os tantos e tantos filhos que ele educou eram sua redenção, o seu dever. Trazia a alta noção do dever sacerdotal e, pelo compromisso assumido de se utilizar dos próprios recursos morais em favor do próximo, renunciara ao amor que lhe conflagrara o coração. Desde a morte da moça, ele passara a contemplar o túmulo daquela a quem amara, a quem reconhecera, desde a primeira vez que a viu.

No retorno do desprendimento espiritual, disse-me que, em momento propício, eu verificaria a extensão de suas fraquezas no passado, pois ele as narraria detalhadamente no próprio ambiente onde se desfecharam experiências, em uma aldeia longínqua, referindo-se ao amor profundo por uma mulher — uma jovem com face descorada e cabelos negros — que o impulsionou, operando verdadeira transformação em seu trajeto evolutivo.

Um sentimento de ternura e gratidão profunda envolveu o meu coração.

***

De volta ao roteiro da viagem material, visitamos a tumba de Newgrange, uma das mais importantes passagens tumulares da Europa.

Depois, de barco, fomos à Baía de Galway e chegamos às ilhas de Aran.

Nos dias sucessivos, seguimos inúmeros percursos preestabelecidos, e mais um ciclo se fechou. O mergulho no curso daquela época chegara ao fim.

Para encerrar, uma breve síntese de quem eram os druidas, considerados sagrados pelos celtas, apesar de pertenceram a etnias diferentes (a linguagem druídica vem da quarta raça mãe – os Atlantes).

Os druidas — como povo, não como sacerdócio — são muito anteriores aos celtas. No apogeu da cultura celta havia três categorias de druidas: os bardos — poetas, músicos, zeladores da tradição; os ovados — filósofos, professores e médicos; e os druidas — autoridade em cultos e cerimônias.

Muitas vezes, eram, ao mesmo tempo, sacerdotes, médicos, mágicos, adivinhos, teólogos e historiadores de sua tribo. Todo poder espiritual e conhecimento humano estavam investidos neles que, na hierarquia, só ficavam abaixo do rei e dos chefes. O druida, por sua autoridade, centralizava a unidade do povo celta. Por dedicar-se aos ofícios divinos, ficavam liberados de toda e qualquer contribuição para o Estado, quer em tributos ou em serviço de guerra. Suas decisões eram definitivas, e aqueles que as descumpriam se expunham a um tipo de boicote.

A doutrina se fundamentava em dois princípios básicos: o respeito à natureza e a crença na imortalidade da alma. O carvalho, considerado sagrado, simbolizava a imortalidade da alma. A comunicação com os mortos estava presente no druidismo. A doutrina não era ensinada através da escrita, todavia pelo exercício da memória, por temerem que textos escritos caíssem em mãos escusas. Por isso, grande parte do conhecimento desse povo se perdeu no decorrer dos séculos.

Responsáveis pelo ensino coordenavam as festas e os rituais de passagem. Acreditavam numa divindade *única*. Não possuíam templos, nem imagens. Realizavam suas práticas esotéricas bem longe das aldeias, ao ar livre, nos campos e nas florestas, à sombra dos carvalhos, a morada celta.

***

Por fim, retornamos ao Brasil, eu senti-me profundamente realizada e em paz.

Certa noite, distingui o padre Germano e a Liz ao lado de minha cama.

Em novo processo de desdobramento espiritual, eles mostraram a imagem de uma menina órfã, acolhida por ele, Germano, em uma aldeia, entre crianças e flores, onde viveram por decênios.

A menina e todos os demais órfãos viviam sob os seus cuidados.

Ele, como sacerdote, acolhia-os na comunidade, evangelizava-os, oferecia lições para que "suas ovelhas" pudessem sempre voltar os seus olhos ao Alto, em busca da verdade.

Por frações de segundos, em um tipo de transe, eu revi todo o contexto ao qual ele se referia, a extensão daquela vivência suave pela presença daquele que era o pai de todos, e dolorosa, pelas próprias fraquezas de uma alma em luta, sob o olhar compassivo dele.

Diante de meus olhos, desenhou-se o quadro, reduzindo-se toda a vaidade e todo o orgulho de construções elegantes, de palácios suntuosos a um acervo de uma aldeia simples e de muito amor, cujas lições jamais poderiam ser esquecidas.

Eu me vi na pele de uma das crianças órfãs.

Ele narrou a história, do início ao fim, de forma velada.

Gradativamente, os Benfeitores Espirituais encaminhavam a mim o conhecimento do meu próprio "eu", apresentando os dramas, as perversidades, quedas recorrentes, peregrinações equivocadas, possibilitando, assim, um curso natural evolutivo que, após longo período de sofrimento e reajustes com a Lei de Causa e Efeito, abria-se gradualmente a novas oportunidades de assumir compromissos para que o Amor operoso me reaproximasse um dia da paz e da felicidade legítima.

Sob intensa emoção, padre Germano revelou também que Liz é a jovem mulher pálida de cabelos negros, a companheira de sua alma, a qual ele amou e ama profundamente.

Ao final, os dois me entregaram um ramalhete perfumoso de jasmins. Tais momentos de contato estreito foram tão gratificantes, doces, serenos e indescritíveis, levando-me frequentemente a evocar o auxílio, a generosidade, a paciência e a sabedoria deles.

Permitindo minha completa liberdade de ação, deixaram pelo meu caminho sutis vestígios de direcionamento ao caminho do bem, característicos de suas personalidades.

***

Em outubro de 2016, após entregar o livro *Laços de Amor – um romance no Principado de Kiev*, na editora, eu e meu esposo viajamos para Praga, República Checa. Depois, fomos a Viena e, finalmente, chegamos a Budapeste, na Hungria, onde se passa parte da história.

Budapeste é uma poesia. É difícil dizer se ela é mais bonita do lado da antiga Buda, com o Palácio Real em destaque no alto da colina; do lado Peste, com a riqueza de detalhes do Parlamento Húngaro e da Basílica de São Estevão; ou se é o Rio Danúbio que se destaca com suas belas pontes.

Percorremos a cidade, cruzando suas pontes e buscando vê-la dos mais diferentes ângulos. De onde quer que se olhe, a vista é sublime.

Até 1873, Budapeste era composta de duas cidades distintas: Buda e Peste, separadas pelas águas do Rio Danúbio. Cada uma delas com sua história e seu estilo próprios.

Buda é a região dos morros, com um castelo no topo, o Palácio Real, onde estão as construções medievais e os prédios históricos mais antigos.

Contratamos um guia historiador, o Américo, que ficou conosco no primeiro dia para nos dar uma visão geral sobre a história do lugar. Visitamos primeiro o lado de Peste, o Parlamento Húngaro, a Basílica de São Estevão, repleta de monumentos e objetos preciosos, muitos deles de prata e ouro.

No fundo da basílica tem início uma das avenidas mais importantes da cidade, que liga a área central ao parque da cidade. A avenida termina na Praça dos Heróis, a maior praça da cidade. Dois museus encontram-se em cada um dos lados da praça: o Museu de Belas Artes e o Palácio das Artes.

Percorremos rapidamente as atrações do lado Buda, mais especificamente o distrito do castelo. Atravessamos a Ponte das Correntes, a mais antiga e mais bela entre as pontes da cidade. Do outro lado da ponte há outra praça, e junto a ela está a estação inferior do Funicular do Castelo (trem), a melhor opção para subir até a colina, mas fomos a pé e aproveitamos cada momento. Lá em cima, chegamos ao Palácio Real, também conhecido como o Castelo de Buda. O distrito do castelo conta ainda com uma das igrejas mais conhecidas da cidade, a Igreja Matias, construída no século XII, com seus vitrais e o reluzente telhado de mosaico colorido.

Foi nesse templo que o imperador Francisco José (que formava o casal Habsburgo com sua linda Sissi – Elisabeth Amalie Eugenie von Bayern) foi coroado rei da Hungria e da Áustria, selando a dupla monarquia que formou o Império Austro-Húngaro.

A visita ao seu interior permite observar diversas esculturas e obras de arte, além de grandes vitrais e dois órgãos antigos.

Em frente à igreja encontra-se um monumento chamado Bastião dos Pescadores, um belo conjunto de sete torres que homenageia as sete tribos magiares que fundaram a nação húngara.

Uma escada em frente ao Bastião dos Pescadores permite descer a colina, para chegar até a margem do Rio Danúbio, de onde é possível tirar uma bela foto do Parlamento Húngaro.

Foi exatamente nesse local que forte emoção me tomou, como se cenas se dilatassem, ou fossem evocadas, apresentando-se imediatamente diante de meus olhos espirituais.

O livro *Laços de Amor – um romance no Principado de Kiev* retrata algumas iniciativas que partiram da Espiritualidade, com o propósito de reconduzir o Cristianismo às suas fontes originais de pureza e virtude como, por exemplo, a experiência cristã no Estado Kievano ou Rus, que floresceu nos séculos IX a XIII.

Os grão-russos, os pequeno-russos e os russos brancos, respectivamente, russos, russos brancos e ucranianos, na atualidade, formavam um só povo. Rus era uma confederação solta em cidades-estados governadas por nobres vassalos do Grande Principado de Kiev.

A história se passa parte em Kiev, local que decidi não visitar pela distância, e em uma tribo denominada, na época, Tribo dos Magiares, onde fica a atual Budapeste – Hungria, local onde estávamos no exercício constante e "guiado" em busca de evidências.

A obra se desfecha com a clara intenção do mundo espiritual superior de acender luzes naquele território comandado pelo poderio dinástico; na época, um reino pagão.

Um programa foi rigorosamente elaborado.

Pretendia-se que os participantes, ao reencarnar, fortalecidos pelos laços de amor, superassem suas inquietações e angústias, afinando-se com as tarefas a serem cumpridas em relação à expansão do Cristianismo.

Alguns, dotados de faculdades mediúnicas, seriam amplamente orientados por Benfeitores Espirituais, que os ajudariam a superar as próprias limitações. O intercâmbio entre as duas esferas da vida seria frequente, natural e renovador.

Por outro lado, Espíritos desencarnados, aferrados a velhas ideias, adversários do bem e do progresso, prosseguiam em sua ação desajustada, gerando intensas lutas pelo poder. Fixados em propósitos insanos, pretendiam o governo das consciências, comprazendo-se em gerar embaraços e destruir a obra de Jesus na Terra, empenhados em desarticular as iniciativas do bem.

Se a atuação das sombras era constante, jamais faltariam o apoio e a proteção dos Benfeitores Espirituais no propósito de neutralizar sua influência. Olga, uma das personagens centrais desta obra, vibrante na fé e na disposição de servir, integrava falanges desveladas que se reuniam constantemente para sacrifícios em favor da humanidade. A dramática narrativa retrata passagens da história da princesa Olga e do Principado de Kiev. Ela foi uma luz fulgurante no caminho de numerosos Espíritos, amargurados e sofredores, pertencentes a uma mesma família espiritual repleta de conflitos pungentes. Os exemplos de Olga derramariam em muitos corações uma chuva de bênçãos consoladoras e de esperanças sublimes.

A princesa Olga foi o primeiro membro a aderir ao Cristianismo na dinastia Rurik, que governou a Rússia europeia e parte da Ucrânia e Bielorrússia por mais de sete séculos, de 860 a 1598. Sua conversão marcou o início de um longo processo histórico durante o qual se desenvolveu e se expandiu o caráter original bizantino-eslavo do Cristianismo. Além de alicerçar a fé cristã, foi notável a sua contribuição para a história da Europa Oriental.

As ações das quais participou, por vezes, trazia certa truculência, condizentes com a época, sem ressaltar seu empenho em domar os próprios impulsos e alavancar o progresso material e espiritual de seus súditos.

Olga era rígida para decidir e terna para cumprir as decisões, características dos grandes líderes. Era dotada de rara aptidão diplomática que a levava a atitudes humanitárias, incomuns para a época. Há relatos históricos que nos falam de uma Olga vingativa, mas não são confiáveis. Não é novidade que algumas versões, com fatos deliberadamente alterados, atenderam aos interesses da época.

Por outro lado, são numerosas as fantasias que falam de seus *poderes milagrosos,* após a conversão à fé cristã. Artifícios literários e históricos foram empregados para destacar uma transformação da *Olga pagã*, temperamental e vingativa, na *Olga cristã*, prudente, sensível e caridosa. Não há como negar que a diplomacia, a sensibilidade e a arraigada força moral de Olga assinalaram uma vitória do bem, acendendo o Evangelho no coração do povo de Rus.

Foi por volta de 957 que ela, em viagem a Constantinopla, fez-se batizar publicamente, tornando-se a primeira soberana russa a converter-se ao Cristianismo. Nessa viagem, encontrou-se com o patriarca Poliecto, que lhe teria dirigido profética saudação: *Bendita és tu entre as mulheres russas, porque amaste a luz e expulsaste as trevas. Os filhos da Rússia hão de bendizer-te até a última geração.*

Somente no final do século X, em 988, Wladimir, seu neto, aderiu oficialmente à fé cristã. A Rússia Kievana tornou-se um Estado cristão, sendo o seu batismo de suma importância para o desenvolvimento espiritual e cultural da civilização bizantino-eslava.

Por suas virtudes, Olga foi canonizada, tornando-se a primeira russa a ser proclamada "santa". O mesmo aconteceria, mais tarde, com Wladimir.

Optei por destacar pequenos trechos de algumas das histórias psicografadas, visto que essas experiências estendem seus limites para muito antes do berço e muito depois do túmulo de cada personagem, pois as experiências terrenas são solidárias umas às outras.

30

O acervo histórico

Com a chegada de 2019, ano em que o Centro Espírita Amor e Caridade comemoraria 100 anos, em 2 de dezembro, uma equipe de voluntários se organizava para restaurar o acervo histórico do CEAC — atas, documentos, imagens, arquivos visuais — sob a coordenação de Uriel de Almeida (primeiro tesoureiro da instituição).

As comemorações se dariam sob diversas formas e seriam encerradas com uma cerimônia especial, aberta ao público, na noite de 2 de dezembro de 2019.

Em 2018, Liz concluiu o projeto de trazer à luz o sexto livro psicografado *Janelas do infinito – um romance no Brasil Imperial*, encerrando, assim, a programação espiritual traçada comigo de psicografar uma série de seis romances históricos.

Em 14 de janeiro de 2019, eu entreguei a obra para a Editora CEAC. É uma emocionante história e se desdobra no Rio de Janeiro, a partir de 1837, em ambas as dimensões. Em determinado momento, no século XIX, o núcleo familiar que vinha evoluindo desde a época do Egito antigo, já desencarnado na Espiritualidade, é convidado, cada membro por sua vez e na sua função, a colaborar com a criação e o desenvolvimento do alicerce de uma organização espiritual, cuja obra, posteriormente, seria fundada na dimensão física. Alguns espíritos foram convidados a reencarnar naquele grupo a que estavam vinculados havia milênios, caminhando sempre progressivamente, em busca dos valores intangíveis para a alma.

Reprograma-se, então, nova encarnação.

Por meio dos pensamentos, sentimentos e das vontades,

alicerçava-se naquele momento na Espiritualidade a edificação espiritual de uma casa de assistência ao próximo nomeada pela vasta família espiritual de "Amor e Caridade" — verdadeira plataforma de trabalho em ambas as dimensões —, com vistas a ser fundada, futuramente, no coração do Estado de São Paulo.

Pouco tempo depois, em 1919, o Centro Espírita Amor e Caridade foi fundado na cidade de Bauru, interior do Estado de São Paulo, cujas bases estavam fincadas na construção da Espiritualidade, onde nascem as legítimas realizações para o engrandecimento moral das criaturas humanas.

Nessa obra psicografada, foram citados nomes de colaboradores espirituais deste amplo projeto: Jacó, Brandão e Menezes, Oswaldo Cruz, padre Júlio Maria, pastor Bizarro, Elizabeth (Liz), Germano, Maria, Mercedes, Manuel, Jovina, Frei Luiz, Rosenberg e outros.

Ao concluir o livro, encaminhei os referidos nomes à diretoria, os quais eram desconhecidos pelos diretores, com exceção dos mentores espirituais Jacó e Maria.

Conversei com o editor Renato Leandro de Oliveira — colaborador da editora CEAC — se não seria o caso de "remover" os nomes do livro. Ele me desencorajou de tal possibilidade. Mas, ainda assim, retiramos o nome de um Benfeitor Espiritual da obra, pois o consideramos meio "esquisito", cujo nome é pastor Bizarro.

Após a revisão gramatical, o livro foi impresso, e o lançamento foi adiado para o mês de novembro.

Em setembro de 2019, Uriel de Almeida, coordenador da editora na época, teve acesso à obra.

Segue abaixo seu depoimento sobre o que foi revelado.

O que o Acervo Histórico do CEAC revelou:

Depoimento: Uriel de Almeida

Resgatar 100 anos de história é fazer uma viagem rumo ao passado, entrar no "túnel do tempo" e, assim, vivenciar intensamente cada acontecimento que marcou a vida da nossa Casa, imaginando as enormes dificuldades dos pioneiros do Espiritismo em Bauru para a construção da primeira sede; criação dos primeiros projetos assistenciais visando a atender às demandas sociais de uma cidade que cresceu desordenadamente; e as atividades doutrinárias com foco no atendimento das necessidades espirituais do nosso povo e outros.

Os registros históricos que fomos descobrindo no interior do CEAC e que descreveremos a seguir nos levaram a concluir que, certamente, a nossa Casa foi sem dúvida planejada "nas estrelas", tendo como missão trazer o pão material e o espiritual para os mais necessitados, para uma cidade ainda dominada pela violência, na época.

Somos levados a considerar o CEAC no contexto do livro *Brasil, Coração do Mundo, Pátria do Evangelho* (Francisco Cândido Xavier), e concluir que fazemos parte de um complexo plano traçado na Espiritualidade com personagens que aqui chegaram, cada um no exato tempo, tudo muito bem coordenado.

A descoberta histórica proporcionou-nos o fortalecimento da nossa fé, deixou-nos mais confiantes na Espiritualidade, demonstrou que realmente somos apenas os "obreiros do momento", com muita responsabilidade perante Deus, assim como nossos antigos diretores e voluntários.

Pesquisas internas e externas foram sendo feitas, para a "amarração" dos nossos relatos.

Um projeto como esse exige pessoas que tenham um mínimo de afinidade com fatos históricos, pesquisas, experiência na restauração de documentos antigos, livros. Portanto, a partir da autorização da diretoria para coordenar esse trabalho, dirigimos o "nosso olhar" para aqueles que certamente seriam encaminhados até nós. Foram ministradas orientações básicas a respeito dos cuidados necessários quanto ao material e, também, aquelas aplicáveis às pessoas que estariam envolvidas, pois os documentos a partir de 1919 estavam impregnados de poeira e ácaros, podendo causar prejuízos sérios à saúde. Raros são os voluntários que estão dispostos e em condições de saúde para tal empreitada.

Onde estariam os livros e documentos do nosso acervo? Qual o estado desse material? O desafio da nossa equipe recém-formada seria, a partir daquele momento, a produção de conteúdo, tarefa nada fácil se considerarmos que até então não tínhamos um setor que cuidasse do acervo histórico.

Com o apoio da diretoria, um local apropriado foi destinado para o acolhimento de livros, documentos, fotos e objetos a recuperar, e o nosso projeto começou a tomar corpo. Uma das providências foi localizar onde estariam os materiais que deveríamos preservar e analisar.

A nossa sede estava havia anos em reformas e adequações, e isso provocou mudanças constantes dos livros e documentos. Atas de reuniões de diretoria mais atuais estavam guardadas no escritório, porém, o restante encontrava-se num antigo depósito inacessível, com materiais inservíveis, juntamente com materiais de construção.

Entrei com máscara no local e localizei dezenas de livros de atas muito antigos, cujo conteúdo estava prestes a descobrir e, com isso, mudar totalmente o registro da nossa história.

Admiravelmente, todos os livros estavam sem pragas, mas com poeira saturada de décadas.

Imediatamente, eu mesmo tirei o pó grosso e removi tudo para a sala 52, onde depois iria avaliar com mais cuidado.

Nesse ponto, a nossa equipe já contava com alguns voluntários valorosos, representando a UNESP, a USC, o Museu Ferroviário e os frequentadores da entidade. Reunidos, iniciamos a compilação de documentos provenientes do Museu Ferroviário, Jornal da Cidade, da USC (Terezinha Zanlochi), UNESP, do historiador Irineu Bastos, da Loja Maçônica Arquitetos de Ormuzd, de Procópio Camargo (fundador do CEAC) e muitos outros colaboradores e associados do próprio CEAC. Assim, foi sendo possível constatar que a história do CEAC estava vinculada à de Bauru e às suas demandas.

Nos dias seguintes ao transporte do nosso acervo para uma sala segura e protegida contra poeira e chuva, a minha curiosidade falou mais alto e iniciei, por conta, a separação desses antigos livros de atas.

Fui folheando um a um, tirando o pó e analisando superficialmente seus conteúdos. Eram atas de todas as reuniões mediúnicas desde 1925, registros feitos por iniciativa do saudoso Homero Escobar.

Ao abrir um dos vários livros dessas atas, estava entre ele uma brochura perfeitamente datilografada em quatro vias a carbono, cujo conteúdo era toda a história do CEAC contada minuciosamente pelo senhor Homero, de 1919 a 1970.

Com isso, não precisamos pesquisar nas atas de reuniões de diretoria os fatos mais importantes que marcaram esse período da instituição.

Voltemos aos livros de atas das reuniões de diretoria com os respectivos registros.

Antigamente, as manifestações de médiuns eram registradas.

Vidências e mensagens eram lavradas em ata com perfeição maravilhosa quanto aos detalhes curiosos, até da movimentação da Espiritualidade durante os trabalhos, constando os nomes dos mentores, os detalhes das vestes de certos Espíritos, tudo muito rico e interessante, como trajes e aparências das entidades mentoras ou não, em pormenores que eram registrados e analisados.

Quando percebemos esses detalhes, voltamos nossa atenção para essas atas e, curiosamente, notamos a participação nessas reuniões de uma médium vidente, Adélia, mãe do escritor Richard Simonetti.

Assim, pedi ao senhor Celso Santos, nosso voluntário, que analisasse e fizesse anotações sobre tais vidências e outros fatos que ele achasse interessantes, pois poderíamos precisar dessas informações durante as solenidades do centenário, tudo por mera precaução, nada mais. Assim foi feito.

Com o passar dos meses, tínhamos outro importantíssimo acervo de mensagens registradas nessas atas de reuniões, e ficou patente a presença constante de certas entidades que formavam, por assim dizer, uma diretoria espiritual do CEAC, com os nomes dos nossos mentores liderados por Jacó.

Ali estão destacados nomes incomuns como Pastor Bizarro, Arthur Rosenberg, Frei Josias, Padre Júlio Maria, o Hindu, mãe Maria, Jovina, Elizabeth, entre outros.

Numa dessas vidências, Adélia Simonetti relata, já em 1956, (Richard Simonetti tinha 21 anos e participava dessas reuniões) que três entidades espirituais depositaram, à frente dele, livros, uma grande chave e muito papel em branco e lápis. Assim, estava definida a sua grande missão: a chave, talvez, representando sua gestão à frente da entidade como presidente; e os livros e os papéis em branco com o lápis, a sua missão de divulgação da doutrina através de palestras e de seus livros, sendo que o primeiro veio apenas em 1969.

Estávamos em setembro de 2019, quando a escritora Mônica Dabus nos apresentou o seu último livro *Janelas do Infinito*, pelo espírito Liz, já impresso, e que seria lançado em novembro pela Editora CEAC.

Um romance maravilhoso, que traz no seu escopo um plano da Espiritualidade Maior no sentido de iniciar um programa de evangelização no interior do Estado de São Paulo, sem citação do local especificamente.

Ao noticiar o fato em uma reunião de diretoria, talvez por curiosidade e controle de qualidade da própria psicografia, Mônica, que também é diretora do CEAC, nos pediu se seria possível relacionar os nomes encontrados desses mentores da Casa, pois em seu livro, já impresso, havia vários relatos de nomes de entidades agindo nesse núcleo espiritual no interior do nosso Estado.

Entretanto, o que nos chamou a atenção foram os nomes das entidades citadas no romance.

Com o trabalho de pesquisa do senhor Celso Santos, incansável colaborador, conseguimos elaborar uma lista das entidades cujos nomes estão nessas atas e, ato contínuo, fomos comparar com aqueles citados no livro psicografado por Mônica.

Quase caí da cadeira ao constatar que todos estavam ali, no livro e nas nossas atas. Confesso que não tenho como exprimir minha emoção e a da nossa equipe, pois isso representou para nós uma inequívoca prova contra a nossa "pouca fé" na Espiritualidade, em seus planos e em sua organização.

À vista dessas atas de reuniões do passado, cujas revelações relatamos acima, constatamos que todas, exceto uma entidade — Padre Germano —, estavam citadas nominalmente.

Impossível a mera coincidência, pois os nomes das entidades citadas nas atas e no livro não eram comuns: Jacó, Elizabeth, Frei Josias, Jovina, Brandão e Menezes, Oswaldo Cruz, Padre Júlio Maria, Maria, Mercedes, Lucas, Crisântomo, Manuel, Frei Luiz, Mercedes, Rosenberg.

Essas atas de diretoria eram desconhecidas e estavam inacessíveis até então.

Imediatamente, informei à autora, bem como à nossa diretoria, ressaltando que, para mim, foi uma constatação, pois admitíamos como possível apenas uma diretoria espiritual, previamente designada para dirigir os destinos da nossa Casa, mas, talvez, algo improvável.

As comparações que fizemos, até por força da codificação que recomenda muito cuidado no trato das mensagens recebidas da Espiritualidade, foram fundamentais para selar minha confiança nessa diretoria espiritual à qual servimos.

Digo isso, porque comparamos duas fontes de informações totalmente desconhecidas entre si: as antigas atas e a obra mediúnica.

A médium, até então, nem sabia da riqueza do nosso acervo e muito menos dos conteúdos existentes em tais atas, pois não os divulgamos por entender até que poderiam ser obra da imaginação dos médiuns (que eles me desculpem pela falta de fé) daquela época, que poderiam estar pecando por imaginação fértil; fácil duvidar de fatos com os quais não tivemos contato nos momentos que aconteceram.

31

Psicografia recebida em agosto / 2019 (Germano)

"Ao contemplar a natureza, mil lembranças me convergem à mente.

Momentos há em que me transporto a outras épocas, e, em especial, à minha última experiência terrena, com fraquezas e remorsos.

Minha mãe faleceu no parto, cresci no seio de um grupo religioso e, sem alternativa, consagrei-me ministro da Igreja. Desempenhei a missão do sagrado ministério em uma despovoada aldeia, eis a razão pela qual os habitantes me ajuizavam perfeito. Embora suspirasse pela família que não pude formar, amava os filhos de alma que cresceram em torno de nosso humilde templo, especialmente os órfãos que, sem ter as saias de suas mães para puxar, puxavam a minha batina.

As confissões... Ah! As confissões...

Acabrunhava-me recebê-las dos pecadores e, ouvindo-lhes seus segredos, eu orava para esquecê-los... Sobretudo, necessitava esquecer o meu maior segredo, o qual eu confessei somente a Deus e ao meu fiel companheiro (cão).

Certa ocasião, no confessionário, recebi uma jovem formosa de cabelos negros. Era a sua primeira confissão. Ela confessou amar-me, fitei-a por alguns momentos, contemplei os seus olhos, a sua boca, porém, firme, eu disse-lhe que não poderia amar um sacerdote.

A partir daí, tudo o que eu pedia a Deus era para não mais vê-la, mas jamais o seu perfume de jasmim deixou de perturbar os meus sonhos e as minhas orações.

Ela casou-se, tornou-se uma duquesa.

Eu a vi quatro vezes em vida.

Em seus derradeiros dias de vida terrena, mandou me chamar.

Então, disse-me que eu recebera a sua primeira confissão e que eu receberia também a última, e que um pecado somente ela havia cometido em sua vida, se é que amar era pecado. Solicitou ainda que fosse enterrada no cemitério de minha aldeia, para estar próxima de mim depois de morta, já que não pôde estar em vida.

Os anos passaram e, se ela era a minha felicidade, os tantos e tantos filhos que eu eduquei foram a minha redenção, o meu dever.

O relógio da eternidade não cessa. Os séculos escoaram, e o tempo nos sorriu misteriosamente ao coração. Se eu progredi, esse progresso devo a este sentimento poderoso que é o amor, um farol, uma luz divina em minha caminhada.

Desde então, eu e a Liz, minha jovem de cabelos negros e perfume de jasmim, passamos a trabalhar juntos como uma prova majestosa do poder e da misericórdia divina, de renovação e redenção individual e coletiva.

Somos um grupo de afinidades, afetos e desafetos, de experiências passadas, que vem evoluindo há muito.

Examinando os últimos tempos, este núcleo foi convidado pela Espiritualidade Superior, cada membro na sua vez e na sua função, a integrar um programa. Desde então, operosos e abnegados grupos espirituais de assistência se organizaram: médicos, professores, enfermeiras e religiosos, entre eles: pretos-velhos, sacerdotes e freiras, já desencarnados, para encorajar os abatidos, ser bálsamo aos que sofrem, animar os que esmorecem e transmitir a paz aos que chegam em desespero. Cada qual é elemento admirável na engrenagem do bem.

A nossa Casa foi planejada e plasmada primeiramente na Espiritualidade e, posteriormente, a instituição foi fundada no campo terreno.

Pronto-socorro acolhedor, onde nossos irmãos desencarnados se recuperam e se encaminham a programas especializados com o concurso indispensável desenvolvido nas reuniões mediúnicas, analisando-lhes a situação psicológica, proporcionando-lhes acesso a reminiscências passadas, sensibilizando-os, capazes de conduzir nossos irmãos à transformação mental imprescindível para a conquista do bem.

Desde então, quantos e quantos irmãos, enfermos de alma, famintos de amor e sedentos de justiça, retomaram o caminho! Quantos e quantos portadores de tantas desordens se envergonhavam do passado, apavoravam-se do porvir e, hoje, já se encaminharam ao bem!

Milhares de irmãos se reúnem e dirigem a todos um olhar de gratidão.

Gratidão pelos trabalhos desta Casa, que promove a luz aos cegos de entendimento e de amor. Gratidão pelo amor, sentimento poderoso, força criadora, redirecionando-os ao progresso, onde todos se unirão pelos sagrados laços da fraternidade legítima.

É preciso a consciência de que esta é uma obra de séculos.

Que estejam unidos."

Germano
Agosto/2019

32

No serviço redentor

Chegamos ao fim desta viagem no tempo.

Busquei, caros leitores, cumprir a orientação fornecida pela Espiritualidade Benfeitora.

Narrei as inquietações de minha infância e juventude diante da presença dos Espíritos desencarnados, descobrindo, aos poucos, que os mundos invisíveis que nos cercam podem agir sobre nós, provando a sua existência e realizando ações através dos fenômenos apresentados em minha vida.

O meu principal intuito não foi relatar fenômenos e, sim, fazer conhecer os resultados pessoais que deles obtive em busca da verdade.

Procurei apresentar as revelações que iluminam minhas experiências, ao nos dizer de onde viemos, além de manifestar o presente e descortinar o futuro.

Havia dúvidas, e eu fui catedrática em certificar-me da veracidade, que surgiu recheada de provas, contentamento e, por que não dizer, de angústias.

Chegada a hora, eu despertei e passei a registrar os episódios que surgiram à minha percepção espiritual, sempre sustentada pela fé profunda e pela crença na bondade de Deus.

Lentamente, eu despertava do sono que me entorpecia os sentidos, embaraçando algumas compreensões.

Com o conhecimento da teoria baseada na fé racional e nas leis naturais, apoiada em uma ciência atualmente confirmada pelas investigações científicas, com as experimentações pessoais na prática dos fenômenos, a palavra de orientação e o aconselhamento dos Benfeitores Espirituais e de orientadores e pessoas amigas, senti-me em condições necessárias para lidar com essas forças e utilizá-las para servir, consciente de minhas limitações.

Após receber a orientação espiritual sobre o conteúdo que eu fui chamada a escrever, surgiram indagações íntimas: — Para quem eu escreveria? Será que alcançaria os objetivos da Espiritualidade? Conseguiria expor as experiências com clareza? Aproveitaria as oportunidades que a vida me oferecera? Elas trariam às pessoas algo que as faria sentir-se melhores, mais equilibradas, mais confiantes?

No momento, em minhas reflexões, eu não sabia dizer.

Orei e pedi que houvesse uma confirmação espiritual a respeito.

Após a oração, e ainda envolta em reflexões, encontrava-me deitada em minha cama, com o meu caderno de apontamentos nas mãos, quando passei a ter profunda sensação de fraqueza e abatimento, e as páginas que eu procurava ler tornaram-se estranhamente nebulosas.

"Iria perder os sentidos?", pensei.

Tudo se tornou confuso para mim.

Quis chamar alguém em meu auxílio, mas não consegui.

O mal-estar passou quase imediatamente e fiquei satisfeita por tê-lo superado. As vibrações que chegavam me acolheram.

Olhei, desconfiada, para o caderno que eu tinha nas mãos, o episódio apresentava-se estranho. Pareceu-me vê-lo muito afastado, com cor e aspecto desconhecidos. Quando percebi, eu havia abandonado a cama, notando outra pessoa segurando o que aparentemente era um livro. E ouvi nitidamente:

— Preste atenção nos fragmentos. É tempo de despertar!

O que estaria acontecendo? O que seria isso? Senti-me leve e ao mesmo tempo intensa.

O mal-estar fora substituído por maravilhosa sensação de força e de bem-estar.

Foi como se eu fosse revigorada com um sentimento de liberdade irrestrita.

O quarto parecia diferente, meio estranho.

Vi o meu corpo deitado na cama, mas a minha consciência encontrava-se próxima à porta de esquadria de vidros que dá para a rua.

As paredes pareciam aproximar-se de mim e depois desapareceram.

Esse fenômeno não me causou surpresa. À pequena distância, eu vi um Benfeitor Espiritual familiar, o reconheci de imediato.

Eu o vi ao meu lado e, logo em seguida, estávamos num caminho conhecido, senti-me segura.

Em certos pontos, cintilava uma luz intensa, enchendo-me o coração de alegria e gratidão.

Olhando para o caminho já percorrido, experimentei um sentimento de liberdade e conquista.

A luz, cujos raios despontavam, parecia clarear agora todo o trajeto.

Era tudo uma só realidade distribuída em fragmentos diferentes de tempo e espaço. Muitas histórias, cada qual tornando-se um capítulo, e todos os capítulos tornando-se um só livro.

Os arquivos de nossa memória são indestrutíveis, somos seres em contínuo estado de transformação, e cada caso é único e, por vezes, impactante.

A Espiritualidade foi cautelosa na escolha do que foi apresentado a mim por meio das visões, dos desdobramentos e de outras experiências, aferindo a minha condição própria, o que eu teria resistência de suportar sem desequilibrar-me.

Deus revela-se incontestável por meio de Suas obras e de Suas leis.

Se alguém me perguntasse se deveria tentar conhecer o seu passado, eu diria para que seguisse sempre os dispositivos impostos pelas Leis e pela Sabedoria de Deus, as quais suscitam o esquecimento.

Nunca se sabe, porém, o que a Divina Providência programa para cada um de nós...

Avancei novamente o olhar, vi a luz brilhar à distância, enquanto uma sombra se estendia de mim mesma.

Senti um desejo ardente de apressar-me em ir ao ponto iluminado e, no mesmo instante, um raio brilhante fixou-se em minha frente, guiando-me os passos.

— Está segura? Poderá seguir com mais firmeza, minha filha? — perguntou o amado Benfeitor Espiritual de longas eras.

— Eu não sei..., mas posso tentar — respondi.

— Então, observe mais ao longe!

Contemplando, notei, à distância, que a obscuridade ia aos poucos decrescendo e que, por fim, exatamente na cercania do caminho, abria-se um brilhante raio de luz, inundando-o de um esplendor inconcebível.

Eu não podia suportar o brilho.

Tive vergonha e me retraí, porque a luz atravessava a minha essência.

Vi-me, então, como eu era realmente e não como a minha presunção fazia-me supor.

Olhei o Benfeitor amigo, perguntei-lhe:

— O que significa isso?

— É a sua verdade que você tanto procura, minha filha.

— E como a alcançarei integralmente?

— A alcançará pelo caminho que você mesma traçou.

— Ah! Então... se o percorrer, eu chegarei à verdade?

— Você já a encontrou. Abrace o seu dom com gratidão e amor.

— Como poderei abraçá-lo sem hesitar?

— Siga confiante, com cautela, cumpra os seus deveres assumidos em benefício do próximo, testemunhe que a vida continua.

Breve pausa, prosseguiu:

— Ao olhar para as páginas que escreverá, antigas lembranças virão à tona. Reunirá fragmentos da sua mediunidade e examinará os elementos que ela alcançou, terá o efeito de avolumar emoções e saudades, e atenuará outras...

— Eu desejei compreender a verdade e jamais me afastar dela. Sinto imensa gratidão pelos conhecimentos e pelas experiências que me concederam novos entendimentos. Sinto-me mais fortalecida.

Em seguida, fui envolvida por forte luz, uma sensação de movimento, surpresa, de intensa vida irradiante e, depois, surgiram imagens dispersas; circunstâncias indefinidas; ecos do Além; verdadeira fusão de imagens fragmentadas, paragens distintas, sons, luzes e cores ilimitadas...

Como descrever o indescritível?

O tempo havia desaparecido, o espaço não existia.

Acabrunhava-me a minha própria insignificância.

A luz da imortalidade penetrava-me.

Os segredos da vida e da morte eram-me desvendados, e eu os adentrava. A razão da causa e do efeito, da ignorância e do sofrimento, os esforços eternos em busca da perfeição estavam explicados.

Permaneci perto do amado Benfeitor Espiritual, vencida por esse novo sentimento de realidade das coisas, por essa maravilhosa verdade.

Notei outros seres, radiantes criaturas, e senti-me humilhada, envergonhada da minha própria inferioridade; o meu perispírito, porém, volitava para eles com amor e devotamento.

Ambicionava estar próxima.

O que significava isso? O meu anseio era como um raio de luz, aspirava a ficar com eles, ser envolvida.

E eles podiam vir a mim, conheciam minha aspiração íntima, sorriam-me; senti-me abraçada, abençoada.

Havia outros seres pelos quais eu sentia uma imensa compaixão, experimentava agora um irresistível desejo de atraí-los a mim.

Eles podiam vir, aproximar-se de mim, se o desejassem, do mesmo modo que eu havia feito em relação aos seres reluzentes de amor e verdade.

Por que, pois, não se conduziam a mim?

Senti que podia dissipar a sombra que os envolvia.

Não era melhor nem mais elevada que eles, pois somos todos iguais, membros da mesma imensa família, todos partes do Criador.

Não obstante, eu talvez fosse um pouco mais instruída ou experiente, já encontrara o caminho da luz que estes ainda buscavam.

A luz penetrara em minha alma, e eu sentia uma alegria inexprimível.

Esse novo manancial pertencia-me. E estava igualmente ao alcance deles, porém, eles não lhe davam importância.

A energia benéfica os rodeava, pertencia a todos, porém, eles a ignoravam.

Achavam-se na mesma posição que eu, quando abraçava igual caminho...

Nesse momento, convenci a mim mesma de que deveria mostrar-lhes a direção.

Eu os ajudaria na busca da luz, como os Benfeitores Espirituais haviam feito em relação a mim.

Eles compreenderiam, como se deu comigo, o que é essa grande luz da verdade.

Estendi os braços e chamei-os.

Senti o meu ser vibrar no anseio de atraí-los a mim.

Eles podiam facilmente aproximar-se, a fim de partilharem dessa nova e sublime vida, se almejassem.

Como poderia eu chamar-lhes a atenção?

Como indicar-lhes o caminho?

Graças à irradiação dos Benfeitores Espirituais, graças a esse pouco de luz e de influência que eles disseminaram sobre o meu caminho, graças ao auxílio a mim concedido, eu iria buscar outros.

Graças à certeza de que estamos sob a proteção Daquele que nos criou, eu iria absorver essa verdade reluzente e viva; ela encheria todo o meu ser e, assim, eu poderia refletir seu esplendor e fazê-lo ressaltar sobre os seres a quem eu desejava auxiliar.

E toda a minha consciência e o meu sentimento concentraram-se nesta prece:

"— Ajudai-me, Pai de Amor e Luz, ajudai-me, Divino Mestre Jesus, ajudai-me, Benfeitores Amigos, a educar a minha alma como meta principal da evolução espiritual, a trilhar o caminho da iluminação íntima com a fraternidade legítima, a fim de que eu possa ser assistida pelo Alto e igualmente amparar outros na busca de suas próprias jornadas iluminativas, do serviço redentor, todos unidos na senda da solidariedade, rumo à renovação individual e coletiva.

Agradeço pela bênção da mediunidade que me foi concedida para a minha própria renovação.

Que assim seja!"

FIM

GRÉCIA
UM ROMANCE NO TEMPO DOS DEUSES
Mônica Dabus pelo espírito LIZ

FRANÇA
UM ROMANCE NO TEMPO DOS CÁTAROS
Mônica Dabus pelo espírito LIZ

OS DRUÍDAS
NO LIMIAR DA ERA CRISTÃ
Mônica Dabus pelo espírito LIZ

LAÇOS DE AMOR
UM ROMANCE NO PRINCIPADO DE KIEV
Mônica Dabus pelo espírito LIZ

OS MISTÉRIOS SAGRADOS DO AMOR
UM ROMANCE NO EGITO ANTIGO
Mônica Dabus pelo espírito LIZ

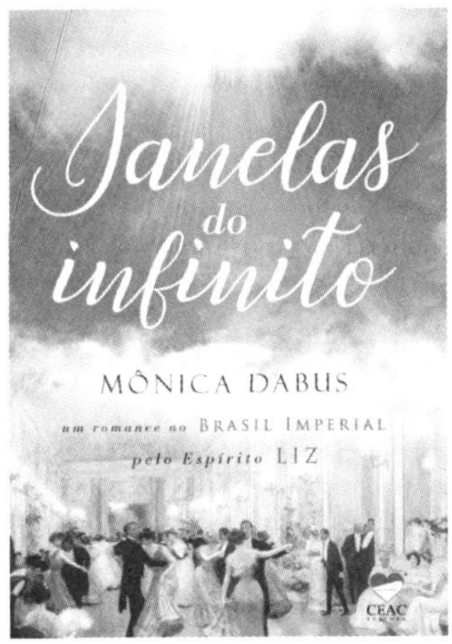

JANELAS DO INFINITO
UM ROMANCE NO BRASIL IMPERIAL
Mônica Dabus pelo espírito LIZ

CEAC
EDITORA

Impressão e Acabamento | Gráfica Viena
Todo papel desta obra possui certificação FSC® do fabricante.
Produzido conforme melhores práticas de gestão ambiental (ISO 14001)
www.graficaviena.com.br